Comment gagner votre vie en écrivant

Joanna Penn

Contents

Comment gagner votre vie en écrivant

Livres, blogging et plus

Joanna Penn

ISBN ebook : 978-2-37318-020-6
ISBN papier : 978-2-37318-021-3

Traduit par Cyril Godefroy - http://autoediteur.com

Oui c'est possible !

Nous vivons à la meilleure période pour gagner notre vie en écrivant !

Internet fait qu'il est possible aujourd'hui de vendre à une audience mondiale et d'utiliser vos écrits afin de gagner de l'argent et de financer votre style de vie. Si vous adorez créer de nouvelles choses, vous pouvez maintenant gagner des sommes décentes en le faisant. Si vous êtes prêts à apprendre de nouvelles compétences et vous adapter à un environnement changeant, cela peut-être une nouvelle, excitante phase dans votre vie.

Dans ce livre, je vais vous expliquer exactement comment je gagne ma vie avec mes propres écrits et comment vous pouvez le faire vous aussi. Je vais être réaliste et pratique avec pour objectif de vous donner des conseils efficaces que vous pouvez mettre en œuvre vous-même. Chaque chapitre va fournir des idées que vous pouvez utiliser pour rechercher et améliorer chaque opportunité. Parfois, il suffit juste de savoir ce qui est disponible afin de vous mettre sur le bon chemin.

Ce n'est pas une pilule magique pour devenir riche.

Je ne suis pas une millionnaire Kindle ou blogueuse. Mais je partagerai avec vous comment je gagne plus de 100 000 livres par an en écrivant des livres, en bloguant et en faisant du marketing de manière éthique.

Mais d'abord, un petit peu de contexte : voilà un petit peu de mon propre parcours. J'ai fait une maîtrise en théologie à l'université d'Oxford–pas le diplôme le plus utile ! Cela m'a amené à un emploi dans le conseil, et j'ai passé les 13 années suivantes à implémenter des systèmes informatiques de paiement et de finances dans des compagnies de taille moyenne en Europe et dans la zone Asie-Pacifique. Je faisais partie des esclaves de l'open-space et je n'avais certainement pas commencé à faire un travail créatif.

Il y avait de nombreux moments où je me demandais comment j'en avais fini par faire un boulot qui me payait bien, mais qui était nul au niveau créatif. J'appréciais le chèque de fin de mois, mais tous les deux ans je démissionnais, et j'essayais quelque chose de nouveau. J'ai créé un site d'itinéraires de voyages en ligne, puis une activité de plongée en bouteille sous-marine avec un bateau, puis j'ai essayé l'investissement dans l'immobilier, tout en prenant du temps pour moi et pour voyager. Aucune de mes idées n'a véritablement fonctionné et il fallait que je retourne faire du conseil à chaque fois que je n'avais plus d'argent. Je suis devenue incroyablement frustrée par mon incapacité apparente à trouver un métier qui avait du sens.

En 2006, je savais qu'il fallait que je fasse quelque chose pour changer ma vie. J'ai commencé à lire des livres de développement personnel et j'ai décidé d'écrire mon propre livre sur la recherche d'un métier que j'adorais. Ce premier livre a changé ma vie — non parce que j'en ai vendu beaucoup — mais parce qu'il m'a ouvert un nouveau monde. J'ai appris sur l'écriture de livres, l'autoédition, le marketing en ligne, le blogging, le podcasting et les médias sociaux. J'ai commencé à vendre des livres, des produits et des services en ligne. J'ai commencé un parcours qui m'a amené à écrire aussi bien des livres pratiques que de la fiction, à parler en tant que Conférencière professionnelle dans le monde entier et enfin à quitter le conseil en septembre 2011 pour devenir auteur entrepreneur à temps plein. J'ai réécrit ce premier livre en le renommant changement de carrière [1] en 2012 et il contient tout ce que j'ai appris sur les étapes nécessaires pour changer de carrière.

Mon business, The Creative Penn, a commencé tout petit et je dois admettre qu'il y a eu quelques moments un peu délicats pour la première année, mais il a grandi en trafic et en influence, en revenu et en actifs intellectuels au cours des dernières années. Grâce au blog, au podcast et aux conférences, je peux aussi aider d'autres personnes à réaliser leur rêve d'écriture et d'édition.

C'est vraiment un travail qui a du sens, et je suis tellement plus heureuse. À la fin c'est la chose la plus importante. Au cours

[1]http://www.thecreativepenn.com/careerchange/

des derniers mois, plusieurs personnes dans nos amis et notre famille sont mortes ou ont été malades. Ces moments tragiques rappellent l'importance de vivre chaque jour à fond.

Que voulez-vous faire de votre vie ?

Vous devez répondre à cette question par vous-même, car la vie est bien trop courte pour la passer à faire des choses que vous détestez ou qui ne vous enthousiasment pas. Si vous adorez lire, j'espère que ce livre vous aidera à gagner votre vie ainsi. Vous pouvez aussi suivre ce livre avec les questionnaires disponibles ici [2]. Vous pouvez aussi récupérer une vidéo gratuite en anglais sur http://thecreativepenn.com/freedom [3].

[2] http://www.edition-ebooks.com/content/gagnersavieavecsesecrits/
[3] http://thecreativepenn.com/freedom

Panorama : comment je gagne ma vie avec mes écrits

Il y a eu un certain nombre d'enquêtes ces dernières années qui rapportent le revenu moyen pour les auteurs. La plupart sont compris entre 5 000 € et 30 000 € par an. Ce n'est pas ce que j'appelle avoir une vie.

D'après mon expérience, pour avoir une vie décente, il faut que vous développiez plusieurs sources de revenus. C'est ce que nous allons faire dans ce livre, et c'est ainsi que je fais fonctionner mon activité.

Pour planter le décor, mon revenu à six chiffres se décompose ainsi :

- 50 % vente de livres pratique et de fiction, y compris les e-books, le papier et les audio vendus sur plusieurs plates-formes afin que je ne sois pas dépendante d'une seule société pour mes revenus. Cela comprend beaucoup de livres dans beaucoup de formats sur beaucoup de plates-formes, si bien que même si un de ceux-là baisse, les autres continuent à faire flotter les ventes.

- 25 % commission d'affiliation en vendant les produits ou les services d'autres personnes depuis mon blog. Je reçois d'habitude environ cinq paiements d'affiliation par mois à partir d'environ 15 offres.

- 10 % vente de formations qui sont mes propres produits sur mon blog. Au début c'était mon sujet principal puis je suis passé plus à l'écriture de livres, mais j'ai l'intention de retourner sur les formations à nouveau, car ce sont vraiment des moyens géniaux d'aider les autres et aussi de gagner des revenus récurrents.

- 10 % en tant que conférencière professionnelle, de différentes sociétés ou événements.

- 5 % conseil, sponsoring du podcast.

Ces sources de revenus se séparent en deux catégories principales :

A. les livres

B. les revenus de mon blog/ma plate-forme, puisque je suis capable de gagner de l'argent depuis ces autres sources de revenus simplement parce que j'ai une audience sur mon site thecreativepenn.com, audience générée en écrivant des articles et en faisant des podcasts au cours des six dernières années.

Ce livre est séparé en deux parties qui détaillent ces deux types de revenus. Mais d'abord, il y a des principes importants qu'il faut garder à l'esprit en continuant cette lecture.

Premiers principes

Il y a des premiers principes qui sont importants à apprendre avant de rentrer dans les détails. Ils vont définir un cadre de ce que nous allons couvrir pendant les prochains chapitres.

1. Considérez-vous comme un entrepreneur

Je sais que beaucoup d'écrivains d'auteurs ont du mal avec le mot entrepreneur parce qu'il ressemble à un mot de la Silicon Valley et qu'il est un petit peu éloigné de la création artistique. Mais songez-y d'une manière différente.

Les entrepreneurs créent de la valeur à partir d'idées.

Si vous êtes d'accord avec ça, alors les auteurs sont les entrepreneurs ultimes, car nous prenons nos idées et nous créons des livres, des e-books, des livres papier, des audio books, des scénarios, et plein d'autres manières de prendre des mots et de les transformer en valeur. Cette valeur peut être en donnant des loisirs aux gens, de la formation ou de l'inspiration. Cela crée aussi de la valeur pour vous en tant que créateur en termes de revenus.

Une fois que vous avez recadré votre propre identité en tant qu'entrepreneur, vous vous rendrez compte qu'il est beaucoup plus facile de comprendre certaines des idées de ce livre. Bien sûr, il va falloir que vous appreniez de nouvelles compétences, mais c'est vrai de tout dans la vie, et les entrepreneurs adorent les nouveaux challenges !

2. Concentrez-vous sur les revenus qui peuvent se multiplier

Dans la plupart des jobs quotidiens standards, vous travaillez un certain nombre d'heures et vous êtes payés pour ces heures. Si vous ne travaillez pas, vous n'êtes pas payé et vous êtes virés à un moment pour ne pas avoir respecté votre contrat. Votre boulot n'est pas multipliable, et vous êtes payés une fois pour les heures que vous travaillez. Et c'est du temps que vous ne retrouverez plus jamais.

Avec les revenus multipliables, vous créez une fois et vous vendez encore et encore.

Disons que vous passez une année à écrire un livre pendant vos soirées et vos week-ends. Vous y passez votre temps une fois, mais ce livre peut se vendre en un exemplaire, où il peut se vendre en 100 exemplaires, 1000 exemplaires, et même 1 million d'exemplaires. Il peut aussi se vendre non seulement pendant toute votre vie d'auteur, mais aussi pendant 70 ans après que l'auteur meurt, ce qui est la durée légale du copyright aujourd'hui. Vous y passez votre temps une fois, mais les revenus de ce temps peuvent continuer pendant de nombreuses années.

Nous sommes en train de parler de la création d'actifs intellectuels qui vont vous fournir des revenus pendant les années à venir. Cela peut n'être qu'un petit ruisseau au début, mais cela va augmenter avec le temps et au fur et à mesure que vous ajoutez des livres à votre portfolio.

Commencez à penser à changer vos sources de revenus, ne plus être payé à l'heure, mais être payé en actifs multipliables. La plupart d'entre nous ont besoin d'avoir quand même un équilibre au début, car nous avons besoin de cash-flow immédiat pour payer les factures, mais pensez à votre temps comme quelque chose de précieux à chaque fois que vous vous asseyez pour écrire. Est-ce que ce que vous êtes en train de faire est multipliable ?

J'ai changé cette proportion sur une durée de plusieurs années. En 2007, quand j'ai commencé à écrire des livres, mes revenus multipliables représentaient 0 % de mes revenus, car j'avais un boulot standard quotidien. J'ai passé près de quatre ans à écrire tout en ayant un boulot quotidien, augmentant régulièrement le nombre de mes livres et produits, et modifiant ainsi le pourcentage de revenus multipliables dans mes revenus totaux. En 2015, mon revenu multipliable représente 80 % de mes revenus. J'ai encore des activités qui ne sont pas multipliables par exemple la présentation aux conférences et le conseil, qui fournissent des revenus immédiats et à court terme (nous en avons tous besoin !), mais j'essaie de concentrer la plupart de mon temps à la création d'actifs multipliables.

3. Développez plusieurs sources de revenus

Faisons un petit retour en arrière dans le temps en 2008 quand je travaillais dans le grand département informatique d'une compagnie minière en Australie. La crise financière mondiale est arrivée et en une seule journée 400 personnes étaient licenciées. Notre responsable est entré dans la pièce pour dire au revoir avec une pile de papiers, les a donnés à tout le monde et nous sommes sortis précipitamment pour trouver un nouveau job. À ce moment dans ma vie, mon boulot était ma seule source de revenus, et en une seule journée il a complètement disparu. J'ai alors décidé à ce moment et à cet endroit de ne plus compter sur une société pour tous mes revenus. Rien n'est stable, et les sociétés encore moins que tout.

De nombreuses personnes en sont arrivées aux mêmes conclusions en 2008. Cela a été un signal d'avertissement pour développer de multiples sources de revenus et ne pas compter sur un boulot ou une société pour s'occuper de vous. Mais le principe vaut aussi en ce qui concerne le fait de gagner l'argent en écrivant. Il est important de faire en sorte d'avoir plus qu'une seule source de cash. Si vous dépendez d'un éditeur, d'un distributeur de livres numériques, d'un client, d'un produit ou d'un livre, à un moment, vous pouvez vous retrouver dans la panade.

4. Pensez mondial, numérique et mobile

De nombreux auteurs se concentrent sur les ventes locales, soit dans une librairie de leur ville, soit en écrivant pour un format que leur entourage connaît. Mais nous vivons dans un monde qui change rapidement, où la pénétration d'Internet au niveau mondial augmente chaque mois, où la technologie nous permet de vendre et de faire du marketing à tout le monde partout dans le monde.

Si vous voulez gagner votre vie en écrivant, étendez vos horizons, car vos revenus futurs viendront probablement du reste du monde, pas de votre librairie locale. Un livre qui changera votre perception sur ce sujet est abondance : le futur est mieux que vous ne le pensez par Peter Diamandis et Steven Kotler.

5. Décidez de votre définition du succès

Ce livre est à propos de comment faire pour gagner sa vie en écrivant. Mais la définition de gagner sa vie sera très différente en fonction de votre position dans la vie et de ce dont vous avez besoin pour faire face aux dépenses mensuelles. Considérez les choses suivantes.

– Quels sont les revenus de votre foyer en ce moment ?

– Quelles sont les dépenses de votre foyer et vos charges mensuelles ?

– Qu'êtes-vous prêt à changer ou à sacrifier pour modifier votre situation ?

– De combien avez-vous véritablement besoin pour vivre ? Par exemple de nombreux auteurs déménagent dans une ville moins chère afin d'avoir une vie plus agréable et de réduire leur train de vie.

– Combien de temps êtes-vous prêts à attendre pour faire le changement ?

C'est important de prendre en compte ces questions, car si vous ne savez pas quelle est votre définition du succès, comment saurez-vous que vous l'avez atteint ? Comment saurez-vous comment y arriver ?

Rédigez ce que c'est que gagner votre vie et combien vous voulez gagner de vos écrits dans l'année qui vient et dans les cinq années qui viennent. Allez-y, forcez-vous !

Comme nous allons parler des livres en particulier, il va aussi falloir que vous décidiez ce que vous voulez pour votre carrière d'auteur, car cela déterminera ce que vous allez écrire, comment vous allez être publiés et ce que vous ferez pour le marketing.

Il y a deux extrêmes sur l'échelle du succès des auteurs. À une extrémité il y a E.L. James avec 50 nuances de gris, qui a gagné 95 millions de dollars en une année avec ses contrats de livres, de films et toutes autres chose excitantes. Peu de personnes diront que 50 nuances est de la grande littérature — mais les lecteurs adorent ces livres et c'est pas mal en termes de revenus !

À l'autre extrémité, il y a le fait de vouloir gagner un prix littéraire comme le Man Booker ou le Pulitzer ou tous les autres prix littéraires dont l'objectif est avant tout la renommée critique par opposition à l'argent. Bien sûr vous gagnez aussi de l'argent avec ces prix. Le prix Man Booker rapporte 50 000 £. Cela peut sembler beaucoup à certaines personnes, mais ce n'est rien comparé à E.L. James avec ses 95 millions de dollars et ça ne fait pas un revenu annuel conséquent si cela vous a pris cinq ans pour écrire ce livre.

Donc il faut que vous preniez en compte ces deux extrêmes pour vous-même : succès littéraire versus le succès commercial, la renommée critique littéraire versus des lecteurs qui achètent vos livres en grand volume.

La plupart des gens diront qu'ils veulent quelque chose au milieu. Ils veulent écrire un livre vraiment bon que les critiques vont aimer et qui sera aussi un succès commercial. Mais c'est très difficile à faire et c'est là où se trouvent la plupart des auteurs qui gagnent moins que le revenu moyen.

La fiction de genre se vend beaucoup mieux que la fiction littéraire dans l'ensemble, mais la fiction de genre a peu de chances de vous permettre de gagner un prix, en tout cas dans les genres littéraires principaux. Il faut donc prendre en compte ce qui est important pour vous et la manière dont vous définissez votre succès.

Astuces sur l'écriture et la productivité

Ce n'est pas un livre sur la rédaction de romans, mais il est important de mentionner la productivité — comment vous produisez réellement vos livres —, car c'est central. Vous ne pouvez pas gagner votre vie de vos écrits si vous n'écrivez pas. Et même si cela peut sembler simple pour certains, que cela a des moments plaisants, c'est en fait un métier très difficile ! Je pense personnellement que c'est le meilleur métier dans le monde (pour moi), mais cela ne vaut pas pour tout le monde.

Voici mes astuces pour faire le travail

1. Mettez de l'ordre dans votre routine et dans vos habitudes d'écriture

Chaque écrivain est différent, mais chaque auteur professionnel a en général une sorte de routine pour sortir les mots sur la page, vous pouvez appeler cela discipline si vous voulez, mais c'est mieux d'y penser en tant qu'une habitude. Les habitudes sont les choses que vous faites sans avoir besoin de vous demander si vous devez le faire ou pas. C'est comme se brosser les dents, ce que vous faites probablement à la même heure tous les jours, qui vous manque si vous ne le faites pas.

Pendant mes quatre premières années d'écriture de livres et de blogging, j'avais aussi un métier envahissant en tant que consultante informatique. Comme j'étais épuisée à la fin de la journée, je me levais à cinq heures du matin et j'écrivais avant de travailler et je me prévoyais aussi un moment plus long de côté pour le week-end. Le soir je travaillais sur mon site Web, blog, podcast et les médias sociaux, en me connectant avec les autres auteurs et en faisant grandir ma plate-forme en ligne. J'ai écrit plusieurs livres pratiques et aussi mes trois premiers romans de cette manière.

De bien des façons c'est plus facile d'écrire quand vous avez un boulot quotidien. Votre temps est limité donc il faut que vous l'exploitiez au maximum et vous êtes très motivés pour rendre cette période productive. Les aspects financiers sont aussi réglés donc vous avez moins de pression. Mais bien sûr, vous êtes probablement en train de lire ça parce que vous voulez changer votre vie.

Je suis devenue auteur entrepreneur à plein temps en septembre 2011 et pendant la première année, cela a été très dur de trouver une routine. Après 13 ans de train-train quotidien et de travail dans un bureau, il était difficile de s'adapter au travail à domicile, seule. J'ai résolu ce problème en m'inscrivant à une bibliothèque et en prenant le train vers le centre-ville avec mon mari, puis en travaillant alors « aux horaires de bureau » et en prenant le déjeuner ou en faisant des pauses café avec d'autres amis auteurs, pour la plupart rencontrés sur Twitter.

Il faudra que vous essayiez pour savoir ce qui fonctionne pour vous, mais voilà ce que moi j'ai trouvé pour ma propre routine :

– Je suis quelqu'un du matin donc j'ai besoin d'écrire de la fiction le matin et de faire du marketing ou l'administratif après 2 heures de l'après-midi. Je peux aussi écrire des livres pratiques ou des articles de blog dans l'après-midi, mais ensuite je suis épuisée le soir. Recherchez à quel moment vous êtes le plus créatif et utilisez cette période pour votre premier jet.

– Créer est fatigant. Écrire de la fiction en particulier peut vous épuiser, donc avoir assez de sommeil est indispensable. J'ai l'habitude de dormir huit heures par nuit et parfois je dors 10 heures après une grosse journée d'écriture. Notre cerveau paie la facture donc il faut s'en préoccuper

– J'ai besoin d'écrire de nouveaux textes à l'écart de mon bureau à la maison, car je m'en sers aussi pour podcaster, faire la comptabilité et d'autres choses. Donc j'écris dans des bibliothèques ou des cafés. Je mets toujours mes écouteurs, en écoutant la pluie et des orages répétitivement, je mets le son à fond et je commence à écrire.

Planifiez votre temps et prévoyez des périodes comme vous le feriez avec n'importe quel rendez-vous. Si vous pensez que vous n'avez pas assez de temps, alors regardez ce que vous pouvez éliminer pour retrouver ce temps : vous trouverez une solution si vous voulez vraiment écrire. Ce qui compte c'est vraiment où vous voulez dépenser votre énergie. Et vous aurez comme récompense ce sur quoi vous vous concentrez.

2. Trouvez les bons outils pour votre métier

En tant qu'auteurs nous avons beaucoup de chance parce que les outils dont nous avons besoin sont minimaux et peu chers comparés à d'autres activités. Auparavant j'avais une affaire de plongée sous-marine en Nouvelle-Zélande – nous avions un bateau et plein de matériel de plongée, sans mentionner les coûts de l'essence, assurances, salaires etc. Maintenant tout ce dont j'ai besoin est d'un ordinateur et d'une connexion Internet !

J'ai un Mac pro et je l'utilise pour écrire, mais aussi pour faire des vidéos, des podcasts et des e-mails, etc. L'écrivain professionnel Dean Wesley Smith recommande d'avoir un ordinateur différent pour écrire afin que vous puissiez vous concentrer sans distraction, mais pour ma part j'y arrive en changeant d'emplacement. Toutefois, si vous ne pouvez pas résister à l'attraction d'Internet pendant vos séances d'écriture, alors peut-être avoir un ordinateur basique pour écrire ou débrancher Internet est une bonne idée.

L'autre outil dont je ne pourrais pas me passer est le logiciel Scrivener. Je m'en sers pour faire l'intrigue et (en gros) faire la structure aussi bien qu'écrire, organiser et gérer mes livres. J'utilise aussi l'option compiler pour créer des fichiers d'e-books pour Kindle et les formats ePub. C'est un logiciel incroyablement puissant et si vous voulez tirer le maximum de son utilisation, je vous recommande la formation Learn Scrivener Fast [4]. Vous pouvez aussi regarder une vidéo de 36 minutes ici [5], où je vous

[4]http://www.thecreativepenn.com/scrivener
[5]http://www.thecreativepenn.com/writing-tips/

expose mes astuces pour écrire et pour utiliser Scrivener pour la fiction et les livres pratiques.

3. Comprenez la différence entre premier jet et relecture ou réécriture

Les mots ne sortent pas des doigts d'un écrivain parfaitement dans l'ordre, avec chaque mot exactement comme il le sera dans l'épreuve finale. Les écrivains écrivent généralement un premier brouillon, un tas de mots et d'idées qui ne sera jamais lu par quiconque autre. Ensuite ils passent du temps à réécrire, éditer et polir jusqu'à ce que le manuscrit soit prêt pour la lecture par le grand public. J'ai constaté que c'était vrai pour les articles de blog aussi bien que pour les livres.

Oui, il y a des exceptions, mais le fait d'avoir compris cela m'a libéré assez pour pouvoir écrire des livres. Je vous recommande de lire le livre d'Anne Lamott, *Bird by Bird* ou elle parle de ça en disant « écrivez des premiers jets pourris » puis nettoyez-les !

Rappelez-vous que vous ne pouvez pas éditer une page blanche. Donc, écrivez noir sur blanc et travaillez sur l'édition ensuite. Voilà quelques astuces pour finir ce premier jet [6].

4. Remplissez votre source de contenu et ensuite faites confiance à l'émergence

Si vous voulez vivre de vos écrits, il faut vous ayez un flux continu d'idées que vous pouvez utiliser dans tout ce que vous écrivez ensuite. Je me rappelle quand cela me paraissait impossible, mais une fois que vous avez démarré la machine, les idées ne seront plus jamais un problème. Le problème sera plus de transformer ces idées en mots et en produits finis.

Alors comment commencez-vous le flux des idées ?

[6] http://www.thecreativepenn.com/2012/11/04/writing-first-draft/

Pour moi tout se passe pendant la recherche. Cela peut être en ligne au travers de livres, mais aussi le fait de visiter des endroits, m'immerger complètement dans les nouvelles expériences et donner une chance à la synchronicité. Je trouve souvent des choses dans les musées qui finissent dans mes livres, je suis un événement et j'ai une idée, ou alors je regarde la télévision, un film et quelque chose naît dans mon esprit. Par exemple, je viens de voir un documentaire sur les requins et me demandais comment le hacking biologique pourrait rendre la peau des humains plus proche de la leur. Je note ça. Je n'ai pas de livre pour utiliser cette idée maintenant, donc je la note seulement et j'ai confiance dans le fait que ça viendra plus tard. Cela n'a pas d'importance. Mais uniquement le fait de prendre l'habitude, ce processus de remarquer les idées et les noter va me permettre d'amorcer la pompe.

Ayez confiance dans ces intuitions et notez-les.

J'utilise l'application Things sur mon iPhone qui se synchronise avec mon Mac et j'ai un dossier spécial pour les idées où je note juste une ligne ou deux. Vous pouvez utiliser un petit carnet ou n'importe quelle autre application, mais ayez toujours de quoi noter vos idées.

Quand j'écris, les idées émergent de mon subconscient, souvent de choses que j'ai déjà vues ou alimentées moi-même des années auparavant. Dans un livre récent, *Gates Of Hell*, j'ai finalement introduit Safed, une petite ville en Israël que j'avais visitée il y a longtemps, dans les années 90. Elle est apparue dans l'histoire de façon presque impromptue et mes souvenirs sont revenus presque instantanément, aidés par Google, bien sûr !

Je ne crois pas dans le blocage, la page blanche. Je crois que c'est le symptôme d'une source créative que l'on n'a pas assez irriguée. Irriguez-la, soyez excités par les choses à nouveau et retournez remplir la page blanche.

5. Trouvez votre voix en écrivant beaucoup

Voilà une question à laquelle il faut que vous réfléchissiez.

Si quelqu'un écrit 10 livres, quel livre sera le meilleur ? Le premier ou le 10e ? Avec de la chance, la réponse est évidente, car la pratique et l'expérience sont à la source de l'amélioration.

Mais il y a tellement d'auteurs qui sont obsédés par leur premier livre, qui passent des années à écrire, éditer et relire sans passer au livre suivant. Nous avons tous des doutes, nous souffrons tous de la peur de l'échec, de la peur du jugement des autres. Cela n'a pas de fin, même pour les auteurs expérimentés, d'après ce que j'ai entendu.

La meilleure chose à faire est d'écrire ce livre, puis un autre, puis encore un autre, puis un autre. Travaillez avec un éditeur professionnel sur chaque livre, apprenez de leur expérience, leur savoir-faire. Lisez beaucoup de livres et apprenez des autres auteurs. Voici une liste de livres [7] que je trouve particulièrement utiles. Pratiquez la technique pendant que vous écrivez, en vous concentrant sur différents aspects pour chaque livre.

Aussi important, relâchez-vous et prenez du plaisir. J'avais l'habitude de tout prendre tellement au sérieux... mais de nos jours, j'essaie avant tout d'avoir du plaisir à écrire. Ce n'est pas *Guerre et paix*. Personne ne va mourir (à part dans vos histoires !).

Concentrez-vous sur le fait de donner du plaisir d'apprendre ou d'inspirer vos lecteurs et écrivez plus encore.

[7] http://www.thecreativepenn.com/books-for-writers/

Astuces sur l'état d'esprit

Ce livre se concentre principalement sur les aspects pratiques pour gagner sa vie, mais il y a des considérations importantes en ce qui concerne l'état d'esprit aussi si vous voulez avoir du succès.

1. Conservez une attitude positive proactive

Dites-vous « je peux faire ».

Personne ne peut vous donner des spécifications exactes en ce qui concerne tout ce qu'il y a à faire. Vous pouvez lire ce livre et de nombreux autres livres, mais à un moment il va falloir que vous vous lanciez. Il est aussi beaucoup plus facile d'apprendre en faisant les choses plutôt qu'en lisant. Habituez-vous aussi à publier, à Wordpress, à utiliser les médias sociaux. Ne soyez pas tout le temps sérieux !

Ne soyez pas effrayés par l'idée d'expérimenter et de prendre des risques. Oui, vous allez subir des revers. Vous allez avoir des échecs. Mais il suffit de vous relever et d'essayer à nouveau. De cette façon, vous développerez votre résilience qui est quelque chose que chaque auteur doit forcément avoir. Parce que vous allez rencontrer la critique et la négativité. C'est inévitable.

Voici quelques exemples :

- Des commentaires de votre groupe d'écriture, dont aucun ne gagne sa vie en tant qu'écrivain. « Pourquoi écris-tu de la fiction de genre ? » Ou « je n'aime pas ce personnage », sans suggestion pour s'améliorer.
- Des commentaires de votre famille, votre partenaire, vos amis, vos collègues de travail. « Mais tu ne peux pas écrire, tu n'as jamais rien écrit » ou [insérez votre critique désagréable est négative préférée ici].
- Un commentaire une étoile sur Amazon ou Goodreads. « C'est le pire livre que j'aie jamais lu ».

Vous ne pouvez pas éviter la critique, vous pouvez uniquement apprendre à ignorer ces désagréments en maintenant une attitude positive.

2. Soyez concentrés sur votre définition du succès et mettez à l'écart celle des autres

C'est important parce que vous allez vous retrouver parfois en dehors de votre parcours, en train de chasser quelque chose qui ne correspond pas véritablement à ce que vous recherchez. Il est très facile de s'égarer dans certaines choses que vous ne voulez pas ou dont vous n'avez pas besoin uniquement parce que certaines personnes vous disent qu'il faut le faire.

Il y a quelques années, j'ai participé à un festival littéraire et j'étais énervée quand certains auteurs me snobaient parce que j'étais indépendante. J'ai écouté certains des commentaires des présentateurs en les prenant à titre personnel et j'en suis ressortie en me disant que j'étais un échec parce que je n'avais pas de contrat d'édition et que je ne pourrais jamais parler sur une scène avec mes idoles.

J'aurais pu changer de direction et commencer à me concentrer sur l'écriture de livres plus littéraires ou essayer de trouver un agent. Mais à ce moment là j'ai reconsidéré ma propre définition du succès. Je suis plus intéressée et concentrée sur ma liberté de choix de vie et sur le fait de gagner de l'argent avec mes écrits, et sur le fait de créer une relation personnelle avec les lecteurs. Les auteurs sur la scène avaient principalement des boulots au quotidien et ne publiaient un livre que tous les deux à trois ans. Ils étaient très brièvement sous les feux du projecteur, mais ils ne vivaient pas la vie que moi je souhaitais vivre.

Donc j'ai redéfini mes objectifs en tant qu'indépendante et quelques années plus tard, je parlais à un certain nombre de ces festivals, en tant qu'indépendante. J'ai aussi réussi à trouver un agent littéraire avec mon succès en tant qu'autrice autoéditée.

Écrivez votre définition du succès et épinglez-la à côté de votre bureau !

3. Trouvez votre tribu et adhérez au karma social

Il est important de trouver une communauté d'auteurs qui vont vous aider quand c'est difficile et dont vous pouvez apprendre. Il y aura toujours des gens devant vous et derrière vous, et nous devons tous partager et aider les autres pendant que nous progressons. Lisez des blogs et trouvez vos mentors en ligne. Lisez des livres d'autres auteurs, aussi bien sur le métier que sur le marketing, mais lisez aussi leurs autres livres. Allez regarder le forum KBoards ou joignez-vous à un groupe Facebook avec des gens qui ont une attitude positive. Entourez-vous de gens qui adorent écrire et méfiez-vous des discussions toxiques.

Adhérez à une organisation professionnelle comme l'alliance des éditeurs des auteurs indépendants [8]. Le groupe Facebook est très utile et vous trouverez toujours des réponses efficaces et intéressantes à vos questions. Les médias sociaux peuvent être utiles pour se connecter avec vos lecteurs, mais c'est aussi génial pour trouver de nouveaux amis et vous connecter avec les gens qui font la même chose que vous partout dans le monde. Certains de mes meilleurs amis sont des gens que j'ai rencontrés sur Twitter, et maintenant nous nous voyons aussi dans la vraie vie.

Le karma social c'est essentiellement une question de générosité : partager les articles de blog d'autres personnes, parler des livres d'autres personnes et en faire des commentaires sur GoodReads, créer des liens vers d'autres et donner ce que vous aimeriez recevoir sans avoir des attentes d'un retour vers vous exactement de la même manière. Cette énergie positive vous permettra de rester enthousiaste et attirera d'autres personnes vers vous. C'est aussi une manière plus agréable et plus heureuse de vivre !

[8] http://allianceindependentauthors.org/?affid=88

4. Continuez à apprendre tout le temps et attendez-vous à des changements

Ce livre ne fait encore une fois qu'effleurer la surface et il y a beaucoup de choses à apprendre si vous voulez vraiment réussir à vivre de vos écrits. La cadence du changement ne cesse d'accélérer avec de nouveaux outils et de nouvelles opportunités chaque semaine. Si vous voulez rester dans la course, je partage de nombreuses actualités et histoires sur Twitter @thecreativepenn et je parle aussi des choses de manière plus générale sur le podcast CreativePenn [9]. Je trouve que l'audio est une des meilleures manières de rester positive et motivée. En écoutant et en apprenant d'autres auteurs, vous vous rendrez compte que votre propre parcours devient plus clair.

Voilà quelques ressources qui pourront vous aider.

Ces podcasts me permettent de rester inspirée et de continuer à apprendre (sans ordre particulier) :

- The Tim Ferriss podcast [10]
- Kristine Kathryn Rusch Business blog [11]
- Sell More Books Show podcast [12]
- Dean Wesley Smith blog [13] and WMG publishing workshops (http://wmgpublishingonline.wordpress.com/)
- Self Publishing Advice blog [14] - de l'Alliance des Auteurs Indépendants
- Brain Pickings [15]

[9] http://www.thecreativepenn.com/podcasts/
[10] http://fourhourworkweek.com/podcast/
[11] http://kriswrites.com/blog/
[12] http://sellmorebooksshow.com/
[13] http://www.deanwesleysmith.com/
[14] http://www.selfpublishingadvice.org/
[15] http://www.brainpickings.org/

- The Self Publishing Podcast [16]
- Rocking SelfPublishing Podcast [17]
- The Passive Voice Blog [18]- collecte et redistribue de nombreuses actualités du secteur de l'édition
- The James Altucher show [19]
- On Being [20]– Krista Tippett's podcast
- Good Life Project with Jonathan Fields [21]

Bon, passons maintenant aux aspects pratiques ! Continuez à lire pour découvrir comment gagner de l'argent avec vos livres.

[16]http://selfpublishingpodcast.com/
[17]http://rockingselfpublishing.com/
[18]http://www.thepassivevoice.com/
[19]http://www.jamesaltucher.com/category/the-james-altucher-show/
[20]http://onbeing.org/
[21]http://www.goodlifeproject.com/

Partie I : comment gagner de l'argent avec des livres

1.1 Il ne s'agit pas que de seulement un livre !

Cette partie se consacre essentiellement à la problématique de gagner de l'argent en écrivant des livres. Nous allons revoir ensemble le modèle des droits, vos options pour éditer et des astuces pour augmenter vos revenus de cette manière.

D'abord, commençons par la magie de l'édition de livres, car ça pourrait changer votre vie et c'est super excitant !

C'est vraiment très important, car beaucoup d'auteurs pensent que quand ils finissent un manuscrit, ils ont juste un livre à présenter. Une fois que vous aurez compris l'intérêt de ce modèle économique, du modèle économique de l'édition, vous comprendrez comment vous pouvez vraiment gagner de l'argent de cette manière et pourquoi les éditeurs gagnent autant d'argent.

Les éditeurs ne sont pas des œuvres de charité.

Ils ne veulent pas publier des livres afin d'aider des auteurs, ils veulent publier des livres afin de gagner de l'argent. Voici donc comment les droits fonctionnent et comment un manuscrit peut devenir plusieurs produits et plusieurs sources de revenus. C'est juste une vue d'avion, car j'irais voir dans le détail comment créer chacun des aspects dans les chapitres suivants.

Le diagramme ci-dessous montre le modèle des droits de publication tel que je le vois. Le X en rouge représente la multiplication si ce n'est pas clair. Note importante : je ne suis pas avocate et ce n'est pas un conseil légal, contractuel ou financier. C'est juste mon opinion et je ne peux pas répondre aux questions légales ou financières.

Tout d'abord, prenons votre manuscrit fini et réfléchissons aux éditions numériques que vous pouvez faire. Vous pouvez vendre des livres numériques sur les principales plates-formes : Kindle, iBooks, Kobo et Nook. Mais vous pouvez aussi vendre sur Smashwords et Scribd, Tolino et de nombreuses autres plates-formes,

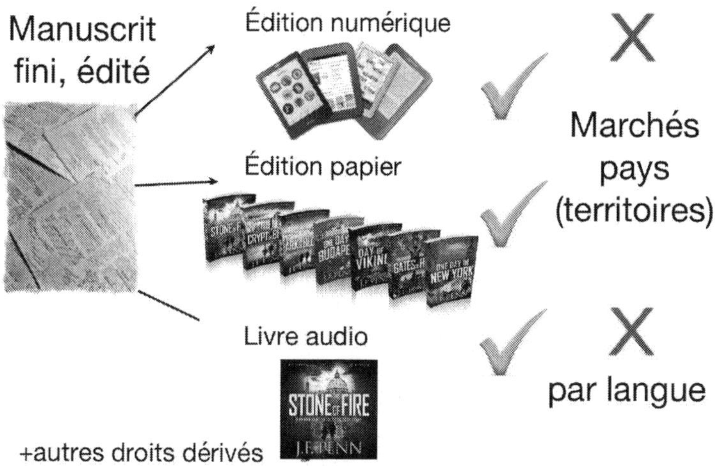

Figure 1:

avec de nouvelles qui apparaissent chaque jour au fur et à mesure que la lecture numérique se répand.

Ensuite vous pouvez avoir une édition papier. La technologie de l'impression à la demande signifie que vous n'avez pas besoin aujourd'hui d'investir pour de l'impression ni de stocker ni d'envoyer vous-même des produits physiques. Vous pouvez utiliser des services comme CreateSpace ou Lightning Source ou IngramSpark pour leur envoyer des fichiers et avoir ainsi vos livres en papier disponibles sur des plates-formes de vente de livres comme Amazon, Barnes & Noble, Fnac et de nombreux autres libraires en ligne. Quand un client commande un livre, un exemplaire est imprimé et envoyé directement, et vous recevrez vos bénéfices et votre marge bénéficiaire que vous aviez déterminée auparavant.

Vous pouvez ensuite avoir une édition audio, que vous pouvez même produire vous-même et sur laquelle vous pouvez faire des partages de royalties avec les narrateurs dans certains pays.

Maintenant, multipliez ces éditions par le nombre de pays et de territoire sur lesquels vous pouvez publier. De nombreux auteurs ne vendent leurs livres que sur leur marché domestique local, mais en tant qu'auteur indépendant vous pouvez vendre dans 190 pays. Jusqu'à présent j'ai vendu mes livres en anglais dans 66 pays, donc vous vous rendez compte à quel point ces sources de revenus modestes commencent à s'additionner.

Vous pouvez donc commencer avec des formats multiples dans plusieurs pays, mais il y a aussi d'autres possibilités dès que vous commencez à vous établir comme auteur.

Vous pouvez multiplier vos droits par les langues. J'ai à lors actuel des livres numériques et des livres papier disponibles en allemand, italien, espagnol et français, en plus de la version anglaise.

Il y a aussi les droits dérivés, par exemple télévision, cinéma, ou simplement mise en scène théâtre. Si vous écrivez des histoires courtes, il peut y avoir une anthologie et ensuite vous récupérez vos droits pour faire une collection.

Cela peut sembler beaucoup de choses à la fois, mais souvenez-vous, ce qui compte en ce moment c'est de vous montrer qu'un seul manuscrit peut se transformer en de multiples sources de revenus. Si vous écrivez ensuite plusieurs livres, le nombre de sources de revenus continue à être multiplié.

Si j'ai été claire, maintenant vous commencez à comprendre pourquoi les éditeurs sont intéressés à l'idée d'acheter vos droits ! Les chapitres suivants vont aborder rapidement les avantages et les inconvénients de vos options d'édition, et aussi comment elles vont avoir un impact sur votre capacité à gagner votre vie en écrivant.

1.2 Vos options d'édition : l'édition traditionnelle

Quand les gens pensent à l'idée de gagner leur vie avec leurs écrits, ils pensent souvent que ce qui est important c'est d'avoir un contrat avec un éditeur traditionnel, car c'est leur rêve, et dans de nombreux cas le mythe de l'édition. On entend des histoires sur ceux qui réussissent et bien sûr il y a des contes sur des succès faramineux.

Mais une enquête dans The Guardian en Angleterre en avril 2015 [22] a révélé que les gains médians des auteurs professionnels étaient inférieurs au salaire minimum. La moitié des auteurs au Royaume-Uni gagne moins que 10 500 £ en 2013 (environ 16 000 €). On entend souvent qu'un livre standard se vendra à moins de 500 exemplaires, ce qui bien sûr n'est pas assez important pour avoir un revenu raisonnable. Les 5 % qui gagnent le mieux leur vie gagnent plus de 100 000 €, mais la plupart ne gagnent absolument pas cette somme.

Donc, regardons l'édition traditionnelle plus en détail.

Ce dont on parle là c'est le fait et le système établi d'avoir un contrat d'édition à compte d'éditeur, ce qui implique donc que vous envoyez ces manuscrits à des éditeurs ou des agents sur une période, le fait d'avoir des rejets multiples et enfin (avec de la chance) d'être accepté. Puis l'agent va envoyer le manuscrit à des éditeurs avec d'habitude 72 rejets et enfin (avec de la chance), un contrat est signé. Puis le livre va être encore édité plusieurs fois et sera éventuellement à la fin publié.

–

Note du traducteur :

En France, le rôle de l'agent est beaucoup moins important, donc ces étapes successives ne comprennent pas l'envoi à un agent. Cela implique que les étapes sont un petit peu moins longues, mais cela veut dire aussi qu'il faut envoyer son manuscrit en général à un nombre plus important d'éditeurs.

–

[22] http://www.theguardian.com/books/2015/apr/20/earnings-authors-below-minimum-wage

Les avantages de l'édition traditionnelle

Voici les raisons pour lesquelles vous pourriez être intéressés par ce parcours :

Le prestige et la validation. La plupart des auteurs souffrent d'un complexe de doute et se demandent si leur livre et leur travail sont assez bons. Si vous réussissez à passer les étapes du processus pour avoir un agent et un éditeur, le fait d'avoir été approuvé par ces gardes-barrières est en général la validation que votre travail est assez bon. Même si le livre ne se vend pas vraiment bien à la fin, au moins quelqu'un pense que ça vaut le coup. Si votre définition du succès inclut un contrat avec un éditeur traditionnel à cause de ces raisons, alors rien d'autre ne suffira à vous contenter !

Une équipe professionnelle établie avec laquelle travailler. Des éditeurs, des designers de couverture, des correcteurs et (peut-être) de l'aide pour le marketing sont fournis par l'agent et l'éditeur à l'intérieur du contrat. L'effort marketing est en général proportionnel à combien est investi dans le projet, le marketing pour des entreprises d'édition va en général se concentrer sur les libraires et non pas sur les lecteurs. Mais vous aurez au moins une équipe de ventes qui va mettre en avant vos livres auprès des libraires. La plupart de nombreux auteurs disent qu'ils veulent « uniquement écrire », ce qui est la raison pour laquelle ils veulent un éditeur pour prendre en charge le reste de leur activité.

Il n'y a pas de coût financier au démarrage. Il y a en général une forme d'avance de royalties. Vous n'avez pas besoin de payer qui que ce soit pour avoir un contrat d'édition traditionnelle et si on vous demande de l'argent, alors ce n'est pas un contrat d'éditeur traditionnel. C'est probablement un contrat d'édition à compte d'auteur [23] et vous devriez faire très attention. L'avance médiane pour un écrivain ou un auteur professionnel

[23] http://davidgaughran.wordpress.com/2015/04/29/author-solutions-and-friends-the-inside-story-2/

est statistiquement inférieure à 6 000 £ ou 10 000 € [24]. De plus en plus, il y a des contrats où l'auteur aura des royalties qui seront plus importantes et une avance inférieure, voire pas d'avance du tout. Rappelez-vous aussi que l'avance est sur les droits d'auteur futurs, qui sont en général entre 7 et 25 % du prix net des livres. Donc si vous avez une avance de 10 000 €, il faut ensuite que vous gagnez plus que 10 000 € de vos droits d'auteur avant de gagner plus d'argent.

La distribution en papier dans les librairies est plus facile de cette manière. C'est dans ce domaine que les maisons d'édition excellent et c'est ceci que leur modèle économique privilégie : la vente en librairie. Des vendeurs vont dans les librairies et font en sorte qu'il soit facile pour les acheteurs de ces librairies de choisir des livres qu'ils aiment et de payer plus tard par éditeur en prenant en compte les retours. Les livres sont en général dans la boutique pendant un mois et ne restent que s'ils sont des livres qui vendent bien.

Les prix littéraires et les récompenses critiques sont plus évidente avec l'édition traditionnelle, et de nombreux prix littéraires ne sont même pas accessibles aux auteurs indépendants. Il y a eu des outsiders, par exemple *Une singularité nue* par Sergio De Le Pava qui a gagné le prix PEN/Robert W Bingham [25], mais il est encore rare pour des auteurs autoédités de participer à des prix littéraires.

La possibilité de devenir un auteur qui est une marque. Il n'y a que quelques auteurs dont le nom est vraiment familier dans le monde : Stephen King, Dan Brown, J.K. Rowling et E.L. James par exemple. Ce sont les auteurs superstars. Juste après eux viennent la liste A, dont la plupart des auteurs écrivent depuis de nombreuses années, des gens comme Lee Child et Nora Roberts, qui sont très bien traités par l'édition traditionnelle et ne verraient aucune raison de changer leur activité. Oui,

[24]http://www.thebookseller.com/news/average-author-advance-under-6600

[25]http://www.theguardian.com/books/2013/aug/15/self-published-author-wins-25000-prize

il y a la possibilité de devenir un auteur de cette stature grâce à l'édition traditionnelle. C'est comme un ticket de loterie. Cela vaut tout à fait le coup si vous voulez jouer ce jeu-là, mais les probabilités sont contre vous.

Les inconvénients de l'édition traditionnelle

Voici les principaux inconvénients en choisissant la voie traditionnelle.

- **Un processus incroyablement long et lent**. Écrire et faire les corrections peut prendre autant de temps quelle que soit la manière dont vous les publiez. Mais ça peut prendre jusqu'à un an ou deux ans pour trouver un agent. Ça peut prendre ensuite un an pour trouver un contrat avec un éditeur et ensuite ça prendra entre six mois et deux ans avant que votre livre ne soit publié. Donc c'est un processus très très lent, ce qui est fou dans un monde où vous pouvez publier sur Amazon, et où votre livre peut être en vente en quatre heures et où vous pouvez recevoir vos premiers paiements 60 jours après.
- **Perte de contrôle créatif**. Vous perdez le contrôle quand vous signez avec un éditeur. De nombreux auteurs se retrouvent avec des titres, des couvertures et des angles marketing dont ils ne sont pas contents. Une de mes amies, Polly Courtney, a été célèbre pour avoir dénoncé son contrat avec son éditeur le jour de la publication, car elle était mise en avant en chick-lit alors qu'elle écrit des romans sur les problématiques sociales. Elle était en colère et énervée en ayant perdu ce contrôle créatif. Il se peut aussi que vous vous retrouviez avec un éditeur avec lequel vous n'avez pas d'atomes crochus et avec lequel vous n'êtes pas d'accord, ce qui est particulièrement vrai quand les éditeurs les plus expérimentés progressent dans les sociétés d'édition et montent dans la hiérarchie ou travaillent en tant que free-lances pour plus d'argent.

- **Des droits d'auteur faibles**. Les droits d'auteur sont un pourcentage de la vente de vos livres. En général ils sont nets, donc les réductions, les retours, les coûts de marketing et ce qui va avec sont enlevés du total avant que votre pourcentage ne soit calculé. Les taux de droits d'auteur en publication traditionnelle sont en général entre 7 et 25 %, ce dernier étant très généreux. Les taux vont aussi dépendre en fonction du format par exemple en e-book comparé aux impressions reliées comparé à l'audio. Vos rapports de droits d'auteur peuvent arriver tous les six mois pour une période déterminée de vente et de nombreux auteurs mettent en avant à quel point ils sont difficiles à comprendre. Ils peuvent aussi ne pas être en rapport avec le montant que vous recevez, donc les auteurs qui sont édités traditionnellement ne peuvent pas vraiment faire des prévisions de cash-flow pour leurs revenus futurs.

- **Un manque d'aide en termes de marketing**. De plus en plus, les auteurs doivent faire leur propre marketing et les agents vont aller chercher des auteurs qui ont déjà créé une « plate-forme » ou au moins une liste e-mail de lecteurs. Si vous voulez un contrat d'édition traditionnelle, soyez sûr de leur demander ce que le contrat comprend en termes de marketing, faites en sorte d'avoir plus que juste l'ajout à un catalogue d'une librairie.

- **Des clauses de contrats potentiellement prohibitives**. Il y a quelques clauses dont il faut que vous vous méfiiez. Un exemple est le contrat agent, quelque chose avec lequel j'ai eu une expérience personnelle. Il y a quelques années, deux agences de New York se sont intéressées à moi et j'ai lu avec attention leurs contrats. L'une d'elles incluait une clause où l'agence recevrait 15 % de tout ce que je publiais, sans prendre en compte s'ils avaient vendu mon travail ou pas, et cela incluait aussi mes œuvres autopubliées, car ils disaient qu'ils allaient créer ma marque auteur, donc ils seraient responsables de

> mon succès. Bien évidemment je n'étais pas d'accord ni heureuse avec cette clause, car j'ai mis beaucoup d'efforts dans ma plate-forme et dans la création de ma propre marque, donc j'ai fait appel à l'autre agence qui avait une simple clause qui spécifiait qu'ils ne recevraient aucune rémunération de mes œuvres autopubliées.

Une autre problématique importante est le fait de signer des contrats où ils prennent des droits sur l'anglais dans le monde entier dans tous les formats. *Note du traducteur : c'est évidemment la même chose pour un éditeur qui prend tous les droits en francophonie pour la langue française.* Ne faites pas ça. (Sauf si bien sûr la rémunération en vaut vraiment le coup !) Votre boulot et celui de votre agent, si vous en avez un, est de conserver le maximum de droits possible quand vous faites un contrat afin que vous puissiez les exploiter d'une autre manière. Par exemple vous pourriez vendre uniquement aux États-Unis et au Canada vos droits et vous autoéditer dans le reste du monde.

Faites attention au format aussi, particulièrement en ce qui concerne les audio books. De nombreux éditeurs prennent les droits audio dans un contrat, mais ils ne les exploitent pas. Vous ne voulez pas que cela vous arrive. Soit vous conservez votre audio, soit vous indiquez une période au bout de laquelle votre éditeur doit les exploiter sinon les droits vous sont retournés.

Lisez les clauses du contrat et notamment la clause de retour des droits. Auparavant il y avait une clause sur l'indisponibilité, bien sûr comme maintenant il y a l'impression à la demande et les livres numériques, un livre n'est plus jamais indisponible. Il faut écrire noir sur blanc quand vous pourrez récupérer vos droits, car sinon qu'est-ce qui va se passer avec votre œuvre si les choses se passent vraiment vraiment mal ?

C'est comme un mariage. Il n'est pas prévu que celui-ci échoue, mais parfois ça ne marche pas (et je dis ça en tant que quelqu'un qui est très heureuse en mariage pour la deuxième fois). Vous voulez avoir la possibilité de sortir de cette relation si elle tourne à l'aigre, ou si l'éditeur ne vend pas assez de vos livres et que vous pensez faire mieux que lui.

Une fois que vous avez signé un contrat pour votre livre, il appartient en quelque sorte à l'éditeur, et il se peut qu'il appartienne à l'éditeur pour la durée du copyright, ce qui correspond à la vie de l'auteur plus 70 ans après que vous mouriez. C'est vraiment un contrat important.

Il faut aussi que vous regardiez la clause de non-compétition, parce que cela peut vous empêcher de publier durant la durée de votre contrat, sous le même nom, dans le même univers ou avec les mêmes personnages. Par exemple, vous pourriez signer un contrat pour trois livres avec un livre publié chaque année à partir de l'année prochaine. Donc, cela correspond à 4 ans pour lesquels vous n'êtes pas autorisé à éditer autre chose sous le même nom d'auteur, dans ce même univers ou avec ces personnages. Il faut vraiment que vous preniez en compte la question de savoir si l'argent du contrat vous compense ce temps-là. C'est là ou un certain nombre d'auteurs perdent contenance et raison, car ils pensent, « Il faut que je prenne n'importe quel contrat qui m'est offert. » De nombreux auteurs ont signé des contrats parce qu'ils sont contents qu'on leur ait offert quelque chose, mais vous devez accorder de la valeur à votre travail.

Rappelez-vous à quel point vos droits sont importants sur le long terme.

Les éditeurs ne sont pas des œuvres de charité. Ils ne vous font pas une faveur en éditant votre livre. Ce sont des entreprises et elles veulent gagner de l'argent.

Si vous êtes en train de considérer un contrat avec l'édition traditionnelle, il y a deux livres que je vous recommande chaudement de lire :

- *Deal Breakers: Contract Terms Writers Should Avoid* par Kristine Katherine Rusch
- *The Self-Publisher's Legal Handbook* par Helen Sedwick

Ces deux livres vous aideront beaucoup avec les conditions contractuelles. Dépensez quelques dollars sur ces livres et vous vous éviterez beaucoup de pertes financières et de déception sur le chemin.

Pour mettre cette discussion sur l'édition en perspective, essayez ce petit exercice :

- Pensez à votre livre favori.
- Quel est le nom de l'auteur ?
- Quel est le nom de l'éditeur ?

La plupart des gens auront un livre favori et ils connaîtront le nom de l'auteur, mais il est peu probable qu'ils connaissent le nom de l'éditeur. La plupart des lecteurs ne font pas leur choix en fonction de l'éditeur. Les noms de maisons d'édition ne valent quelque chose que pour les auteurs et les personnes qui travaillent dans ce secteur commercial.

Donc votre choix d'édition doit être plus une question du résultat que vous voulez obtenir et de votre définition du succès. Ce n'est pas vraiment ce à quoi pense le lecteur.

Les aspects financiers de l'édition traditionnelle

Les auteurs sont payés selon un calendrier inclus dans le contrat et cela va en général comprendre la répartition des sommes payées en différents paiements. Chaque contrat est différent, mais par exemple, cela pourrait être un tiers à la signature, un tiers quand le manuscrit est accepté et un tiers à la publication. Il est possible que cela soit encore partagé sur plusieurs livres. Soyons généreux et considérons un contrat pour trois livres de 100 000 USD. On dirait le rêve de tous les auteurs, n'est-ce pas ?

Mais en fait, la rémunération ressemblera plus à cela :

- l'agent gagne 15 %, soit 15 000 USD
- 85 000 USD sont destinés à l'auteur sur trois ans et divisés en de multiples paiements. Certains à la signature et certains à la réception ou à la publication de chaque livre au fur et à mesure. Il se pourrait donc qu'il s'agisse d'un paiement individuel d'environ 12 000 USD.
- Rappelez-vous qu'il faudra vous payer vos impôts sur le revenu donc estimons-les à 20 % ce qui fait qu'il reste 9 600 USD que vous aurez deux fois par an. Est-ce que c'est assez d'argent pour vous pour vivre ? Tout à coup le contrat à six chiffres pour trois livres devient moins intéressant.

Ce n'est qu'un exemple, et chaque contrat sera bien évidemment différent. Si on vous propose un contrat, travaillez sur les conditions de paiement et comment ils fonctionneront véritablement et ne soyez pas trop enthousiasmé par les montants à l'origine.

Si vous voulez gagner votre vie en écrivant, il faut que vous compreniez comment le cash-flow fonctionne et à quel moment l'argent va rentrer.

Est-ce que pour ma part je signerais un contrat d'édition traditionnelle ?

Absolument. Pour le bon projet et pour les bonnes conditions et termes.

J'ai un agent qui travaille activement sur la vente de droits à l'étranger, dans d'autres langues que l'anglais. Je suis aussi très intéressée par l'exploitation des droits film et télévision. Je serai aussi intéressée par un contrat en anglais pour le seul format papier, bien évidemment, et je prendrais en considération et avec intérêt toutes les offres décentes pour les autres droits. Après tout, je peux toujours écrire plus de livres !

Mais à titre personnel, j'ai décidé de ne pas perdre mon énergie uniquement à rechercher ce type de contrat. J'ai choisi de mettre mes livres dans les mains des lecteurs aussi tôt que possible et de gagner de l'argent plus tôt plutôt que plus tard. Je suis avant tout une autrice indépendante, donc regardons maintenant les changements dans l'industrie de l'édition suivis des avantages et des inconvénients de l'autoédition.

1.3 Les changements dans l'industrie de l'édition

L'industrie de l'édition est en ce moment en train de subir beaucoup de changements, avec la transformation numérique qui modifie l'environnement de la même manière qu'elle l'a fait dans l'industrie du disque. Ces changements signifient de l'incertitude et de la peur pour beaucoup, mais les créateurs qui sont prêts à prendre ce nouveau modèle à bras-le-corps peuvent très bien s'en sortir. Voilà quelques-unes des excitantes nouveautés.

Les changements dans les comportements d'achat et de lecture des consommateurs

Les ventes de livres numériques sur Amazon ont dépassé les ventes de livres papier [26] en 2012 aux États-Unis, donc il s'agit de vieilles nouvelles, mais les ventes de livres numériques sont aussi en train d'augmenter non seulement aux États-Unis, mais aussi au Royaume-Uni et en Australie pour le marché anglophone, en Allemagne et en France aussi.

Les tablettes les téléphones mobiles sont progressivement en train de remplacer les liseuses pour la lecture. eMarketer indique [27] qu'en 2017, la pénétration des téléphones mobiles aura atteint 70 % de la population mondiale. Si vous prenez en compte le fait que la grande majorité des gens dans le monde ne vit pas près d'une librairie physique, l'achat par téléphone mobile ne peut qu'augmenter au cours du temps.

Les gens vont toujours vouloir de l'éducation, de l'inspiration et des loisirs et ils vont en avoir de plus en plus grâce à leur téléphone. L'Afrique subsaharienne, mais aussi l'Amérique du Sud

[26]http://www.theguardian.com/books/2012/aug/06/amazon-kindle-ebook-sales-overtake-print

[27]http://www.emarketer.com/Article/Smartphone-Users-Worldwide-Will-Total-175-Billion-2014/1010536

et les pays asiatiques sont en train de se passer des ordinateurs de bureau et des ordinateurs portables et accèdent à l'âge d'Internet avec leurs téléphones. Voilà des marchés très intéressants pour les auteurs !

Il y a aussi des modifications démographiques entre les villes et les espaces plus petits, et une tendance à avoir moins de choses matérielles, ce qui va augmenter les achats numériques. Je fais partie de ces gens qui ont transformé leur vie en passant d'une maison à quatre chambres en banlieue pour un appartement avec une chambre en centre-ville. Nous nous sommes débarrassés d'environ 2000 livres afin de devenir numériques pendant ce déménagement et j'adore ne rien avoir. J'adore la location et l'économie du partage où vous pouvez utiliser ZipCar, AirBnB et d'autres sites au lieu de payer beaucoup d'argent pour posséder les choses.

Une autre chose intéressante avec les marchés numériques sont les deux piliers que sont les jeunes nativement numériques, ceux qui sont nés et ont grandi avec Internet, et la population qui vieillit. Un des marchés les plus importants pour les liseuses est celui des personnes au-dessus de 60 ans, car vous pouvez changer la taille des caractères ou utiliser whispersinc pour que la liseuse lise pour vous. Il y a quelques années, vous ne pouviez avoir qu'un petit nombre de livres en gros caractères en bibliothèque donc le fait de pouvoir changer la taille des caractères a permis de rendre accessible beaucoup de lecture à la génération des baby-boomers.

Qu'en est-il de l'impression ?

En mars 2015 The BookSeller à révélé que l'achat de livres en ligne avait dépassé [28] l'achat de livres en librairie. Cela finit signifie que plus de gens achètent leurs livres en ligne qu'ils n'achètent leurs livres dans les boutiques, ce qui fait que les auteurs indépendants deviennent **les égaux des auteurs publiés dans l'édition traditionnelle**. J'ai des livres papier en vente en ligne et ils ont autant de chances d'être découverts

[28] http://www.thebookseller.com/news/online-book-shopping-overtakes-store-first-time

que les autres livres d'autres auteurs.

Le mouvement indé et ce qu'il change

Le mot indé veut dire indépendant et nous sommes à une époque où dans le monde être un indé est en fait assez cool. Si vous pensez à un musicien indé ou un réalisateur indé quels sont les mots qui viennent à votre esprit ?

Plus original. Plus créatif. Pas lié à des labels gigantesques qui traitent les artistes mal. Plus centré sur les personnages, plutôt que des blockbusters hollywoodiens. Plus authentique et intéressant.

Dans de nombreuses industries créatives, il est presque plus préférable d'être indé que d'être relié aux méga-conglomérats qui sont liés aux compagnies de médias avec des intérêts dont on peut douter.

Prenez en compte votre attitude en tant que consommateur.

- Achetez-vous la musique indé ou regardez-vous des films indé ?
- Buvez-vous des bières brassées localement par des brasseurs artisanaux ? Où achetez-vous des gâteaux ou du pain directement du boulanger ?
- Est-ce que vous achetez des légumes sur votre marché local plutôt que dans des supermarchés ?
- Est-ce que vous achetez des cadeaux ou des articles sur Etsy ?
- Avez-vous supporté un projet créatif sur KickStarter, Patreon ou Ulule ?

Dans l'ensemble, le public est de plus en plus susceptible d'acheter des artistes directement et il veut supporter des projets créatifs et des gens créatifs. Même la formation et l'éducation se dirigent dans ce sens, avec le développement de sites d'apprentissage en ligne comme Udemy, qui est plein de personnes individuelles qui créent des formations dans de nombreux domaines.

Nous sommes dans une culture où le créateur a de plus en plus de valeur. Et c'est extrêmement excitant. Alors parlons de comment vous pouvez tirer avantage de ce changement en devenant vous aussi indépendant.

1.4 Vos options pour l'édition : devenir un auteur indé

Dans mon esprit il y a une différence entre l'autoédition et être un auteur indépendant.

L'expression autoédition veut dire faire tout vous-même et le faire comme une sorte de hobby. Il n'y a certainement aucun tort à cela et c'est fantastique de créer des livres dans le monde pour le plaisir de la création. J'autoédite des livres d'images pour mon propre plaisir, j'ai aidé ma nièce de 9 ans [29] à autoéditer son premier livre et j'ai aidé mon père à s'autoéditer [30] pour son 65e anniversaire.

Mais j'utilise le terme d'auteur indépendant [31], ou auteur indé, en ce qui me concerne. Je travaille avec des professionnels free-lance de qualité pour créer un produit de qualité et pour moi c'est une activité professionnelle, pas seulement un hobby.

Les avantages à être un auteur indé

Un contrôle créatif total sur le contenu et le design

De nombreux auteurs qui étaient dans l'édition traditionnelle et sont maintenant dans l'autoédition racontent à quel point il était désagréable et difficile d'avoir un titre ou une couverture qu'ils détestaient, ou d'avoir des choix éditoriaux qui leurs étaient imposés avec lesquels ils n'étaient pas d'accord, mais sur lesquels l'éditeur insistait. En tant qu'indé, vous pouvez travailler avec des free-lance de votre choix et vous pouvez choisir le look et l'apparence finale de votre produit. Alors, ça peut être un avantage ou un inconvénient en fonction de ce à quoi le livre ressem-

[29] http://www.thecreativepenn.com/2011/10/12/print-on-demand-empowers/

[30] http://www.thecreativepenn.com/2014/06/15/fathers-day/

[31] http://www.thecreativepenn.com/2011/12/09/self-publishing-indie-author-definition/

ble à la fin, mais en tant qu'indé, vous pouvez aussi le changer, comme je l'ai fait moi-même en changeant le titre et la couverture de mes trois premiers livres [32]. Vous mettez juste un nouveau fichier. La mentalité start-up selon laquelle les erreurs sont la manière dont nous apprenons et selon laquelle « échec » est juste une étape sur le parcours rend cela plus facile pour les indés. Mais cette pratique de réinvention est aussi fréquente dans l'industrie de l'édition et les livres les plus anciens sont remis au goût du jour tout le temps.

Ouverture aux possibilités

À un festival littéraire récent auquel j'ai assisté, j'ai parlé à un certain nombre d'auteurs édités traditionnellement. J'ai été frappée à quel point ils étaient fragiles et rendus faibles par la négativité du processus de l'édition traditionnelle. Ils ne se voyaient pas vraiment capables de prendre une décision seuls ou de prendre les choses en main pour améliorer leur sort, bien qu'il soient les personnes créatives, les raconteurs, les personnes qui étaient brillantes.

Comparez cela aux indés, qui en général sont heureux, comme cela a été rapporté par le chercheur Alison Baverstock [33]. Ce n'est pas étonnant quand vous prenez en compte la recherche sur l'importance du contrôle. Le Journal de la personnalité et de la psychologie sociale a mis en avant que la première contribution au bonheur est l'autonomie [34], « le sentiment que votre vie, ses activités et ses habitudes, sont sous votre contrôle ».

Après avoir signé un contrat, les auteurs édités traditionnellement ont à peu près zéro contrôle, sur le prix, sur la date de publication, sur le marketing, parfois même sur la couverture, le titre et même les mots. On dit à de nombreux

[32] http://www.thecreativepenn.com/2015/04/28/changing-book-titles/

[33] http://www.thecreativepenn.com/2012/04/10/self-published-authors-are-happier/

[34] https://www.psychologytoday.com/blog/bouncing-back/201106/the-no-1-contributor-happiness

auteurs comment ils doivent changer leurs histoires pour que cela corresponde à ce qu'un éditeur veut. Comparez cela au pouvoir de l'auteur indépendant qui peut apprendre de nouvelles compétences, travailler avec des professionnels, faire des erreurs et apprendre de celles-ci, gagner de l'argent directement et interagir avec ses lecteurs.

Oui c'est beaucoup de travail, mais c'est aussi un sentiment de pouvoir extraordinaire. L'énergie positive impliquée dans le fait d'être indépendant peut vous propulser beaucoup plus loin, beaucoup plus vite que si vous êtes dans la queue en train d'attendre votre tour.

Arrêter de demander la permission. Vous n'en avez pas besoin.

Arrêtez d'attendre d'être choisi. Choisissez-vous vous-même.

Un temps pour publier plus court. Il faut toujours que vous passiez le même temps pour écrire et corriger. Mais une fois que vous êtes prêts à publier, vous téléchargez vos fichiers sur Amazon, Kobo, iBooks, Draft2Digital, SmashWords et toutes les autres boutiques. Votre livre numérique est généralement en vente au bout de quatre à 72 heures. Vous êtes payés 60 jours après la fin du mois où un livre est vendu. Si vous faites de l'impression à la demande, vous pouvez vous en occuper en 24 heures si vous approuvez le formatage sur le site. Ou vous pouvez commander un exemplaire et cela peut prendre deux semaines, mais finalement, c'est incroyablement rapide de préparer votre livre pour être vendu. Cela s'accorde certainement avec ma personnalité, puisqu'une fois que j'ai fini un livre, je veux qu'il soit disponible et en vente ! Je ne veux pas attendre plusieurs années pendant qu'il fait la navette auprès des éditeurs.

Des droits d'auteur plus élevés. Si vous mettez le prix de votre livre entre 2,99 € et 9,99 € (sur Amazon), vous pouvez avoir 70 % de royalties. Les droits d'auteurs habituels sont généralement entre 7 et 25 %, en moyenne 10 %. Il est clair qu'il faut que vous vendiez moins de livres de façon à gagner la même somme d'argent avec l'autoédition. Mais **ce n'est pas une méthode pour devenir riche instantanément**. Ceci est très important. Vous ne pouvez pas garantir que vous allez faire autant de ventes que vous auriez pu en faire avec un éditeur traditionnel, même pas que vous allez vendre quelques exemplaires de votre livre. Ceci est plus en relation avec le genre, l'investissement dans le marketing et parfois la pure chance. Un auteur ne peut pas construire sa carrière sur la chance — mais il peut apprendre le marketing, et les auteurs doivent faire leur marketing de nos jours, quelle que soit la manière dont ils se publient.

Vendre par tous les moyens sur n'importe quel marché mondial, puisque vous conservez les droits. Mes livres se sont maintenant vendus dans 66 pays et ils sont en vente dans 190 pays. J'adore regarder sur ma carte Kobo Writing Life pour voir dans quels nouveaux pays j'ai vendu des livres dans le dernier mois. J'apprécie particulièrement de vendre dans des pays comme le Burkina Faso ou la Namibie en Afrique subsaharienne, car je suis allée à l'école au Malawi (pas de vente de livres dans ce pays toutefois !)

Oui, ces ventes ne sont qu'un ruisselet pour le moment, mais dans les prochaines années, la pénétration des téléphones mobiles va augmenter [35] et l'accès à Internet deviendra mondial. Bien sûr, les ventes vont augmenter — il y a deux ans, je ne vendais de livres qu'aux États-Unis, au Royaume-Uni, en Australie, au Canada et maintenant tous les deux mois une source de revenus supplémentaires démarre. C'est pour les livres en anglais – j'ai la chance que l'anglais soit la langue la plus internationale.

De nombreux auteurs édités traditionnellement ont vendu leurs droits en anglais pour le monde pour tous les formats et pourtant ils ont à peine vendu en dehors de leurs marchés locaux habituels car leurs livres ne sont même pas disponibles dans la plupart des pays du monde. Beaucoup ont aussi vendu leurs droits pour des livres audios, mais les livres n'ont pas été produits. Il faut, si vous

[35] http://www.huffingtonpost.com/peter-diamandis/the-next-10-my-prediction_b_7172978.html

êtes dans cette situation, relire votre contrat. Pour quoi ont-ils les droits ? Vous pouvez vous autoéditer dans les pays où vous n'avez pas vendu les droits, alors pourquoi ne pas commencer vous-même !

Les livres de niche peuvent atteindre une audience. Les maisons d'édition s'attendent à un certain nombre de ventes, donc si vous écrivez un livre de niche sur un type particulier de tomates bio, par exemple, il se peut que vous vous rendiez compte que le marché est trop petit pour un éditeur important. Mais le marché est peut-être assez important pour que vous puissiez atteindre votre propre définition du succès avec des ventes plus réduites et des revenus moins importants. Vous pouvez aussi définir le prix comme vous voulez, puisqu'il y a des chances que votre livre intéresse un lecteur très particulier qui pourra payer plus cher.

Utilisez l'autoédition pour entrer dans l'activité. De nos jours, si vous vous autoéditez et que vous réussissez, les agents et les éditeurs viendront à vous. Vous n'avez pas besoin de supplier et de plaider pour avoir leur attention. L'équilibre du pouvoir est renversé et l'indépendant avec du pouvoir peut avoir de bien meilleurs contrats qu'un primo-auteur qui n'a pas fait encore une vente. Prenez en considération les contrats que Hugh Howey, Bella André, Jacinda Wilder, Meredith Wild et A.G. Riddle ont signé ces dernières années à la fois pour des éditions papier et pour des contrats cinéma ou télévision. Donc si vous voulez un contrat avec un éditeur traditionnel, évitez la pile de manuscrits non lus et faites votre apprentissage en tant qu'indépendant.

Les inconvénients à être un auteur indépendant

Voilà pour les aspects positifs, mais qu'en est-il des aspects négatifs ?

Il faut que vous fassiez tout vous-même ou que vous trouviez des professionnels pour vous aider. Comme pour n'importe quelle nouvelle compétence, la courbe d'apprentissage est difficile. Il faut bien sûr évidemment que vous fassiez toute la rédaction et le marketing, mais il faut aussi que vous fassiez l'édition. Il faut que vous trouviez un éditeur correcteur et un designer graphiste pour votre couverture et que vous travailliez avec eux, décidiez du titre, formatiez votre livre pour le numérique, pour le papier et tous les autres formats que vous voulez. Il faut aussi que vous trouviez des professionnels pour vous aider. Ce n'est pas si difficile puisque nous partageons les informations en ligne et que vous pouvez adhérer à l'alliance pour les auteurs indépendants qui valide des compagnies.

Mais il faut aussi que vous décidiez quelle est votre définition du succès et que vous compreniez que vous allez devoir diriger tous les aspects de votre activité si vous voulez emprunter la voie du professionnel indépendant. Pour beaucoup de personnes, c'est un aspect négatif, car ils n'ont pas le temps de faire tout et il ne prennent pas plaisir à le faire. J'ai de la chance, car j'adore être une entrepreneur. J'adore tous les aspects de ce que je fais — de la génération des idées à la création de livres sur la page, aux aspects techniques des choses et tout ce qu'il y a entre les deux. Après plusieurs années, j'ai enfin trouvé le job idéal pour moi. Si vous pouvez gérer un projet ou que vous pourriez apprendre à le faire, vous allez certainement y prendre plaisir vous aussi. Mais ce type de vie n'est certainement pas pour tout le monde.

Il n'y a pas de prestige ni de validation par l'industrie. Les stigmates se réduisent chaque jour, mais si votre définition du succès est liée à ce que d'autres auteurs, agents et éditeurs pensent de vous, alors être indé n'est pas forcément ce qu'il y a de mieux pour vous.

Il vous faut un budget au démarrage si vous voulez un résultat professionnel. De nos jours, il est probable que vous passerez par un éditeur professionnel avant d'envoyer à un agent de toute façon, ou au moins que vous dépenserez de l'argent sur des livres et des formations pour les auteurs. Tout le monde dépense de l'argent pour son hobby, donc si vous faites du crochet ou que vous écrivez, ou que vous faites du VTT, la plupart des gens sont heureux de dépenser de l'argent qu'ils ne reçoivent jamais en retour, pour faire quelque chose qu'ils aiment. Toutefois, si comme moi, vous avez l'intention d'en vivre, alors oui, il faut que vous investissiez de l'argent dans la création d'actifs pour votre activité avec l'objectif d'un retour sur investissement avec plusieurs sources de revenus. De toutes les manières, vous aurez besoin d'investir si vous voulez être un indépendant professionnel.

Il est difficile d'avoir de la distribution de livres papier dans les librairies. Ce n'est certainement pas impossible et si vous accordez de l'importance à la distribution en papier alors regardez les options avec IngramSpark [36] ou Lightning Source. Allez aussi jeter un œil à la campagne ouverture aux indés [37] (ou à cette interview en anglais avec Debbie Young sur le sujet [38]). Mais vous aurez beaucoup plus de chance d'avoir une distribution dans les librairies avec un éditeur traditionnel, puisque c'est l'essence même de leur modèle économique et que cela l'a été depuis très longtemps. Ils sont experts pour ce qui est de l'impression et la distribution de produits physiques. Mon choix personnel est d'utiliser l'impression à la demande avec CreateSpace, si bien que mes livres papier sont disponibles sur la plupart des librairies en ligne.

La plupart des prix littéraires n'acceptent pas les livres indépendants et la plupart des critiques littéraires des médias principaux ne vont pas les lire. Donc si votre définition du succès passe par la critique littéraire, il vaut probablement mieux pour vous que vous choisissiez la route traditionnelle. Encore une fois, la campagne ouverture aux indés cherche à faire en sorte que ceux-ci changent au fur et à mesure.

[36] http://www.ingramspark.com/

[37] http://allianceindependentauthors.org/indies-campaign/

[38] http://www.thecreativepenn.com/2015/02/26/bookstores-debbie-young/

Le modèle hybride : ce n'est plus un choix exclusif du tout

L'industrie a changé et maintenant de nombreux auteurs prennent une approche hybride en ce qui concerne l'édition. Ils prennent des décisions livre par livre et en fonction des droits, utilisant le modèle indépendant pour certaines choses et signant des contrats traditionnels pour d'autres. Cela permet à l'auteur de prendre des décisions et de choisir la meilleure opportunité pour chaque projet. Après tout, une carrière ne se bâtit pas sur un seul livre.

Par exemple, Hugh Howey a vendu ses droits d'impression pour Wool et il a signé un certain nombre de contrats pour des droits à l'étranger. Jasinda Wilder a vendu un certain nombre de nouveaux livres à des éditeurs traditionnels tout en continuant à autoéditer une autre série. A.G. Riddle a vendu ses droits pour le film et à gardé ses droits numériques pour l'anglais international en tant qu'auteur. J'ai un contrat en allemand avec un éditeur traditionnel et un agent littéraire qui est en charge d'autres ventes.

La chose importante est que vous, le créateur, avez le pouvoir de choisir en fonction du projet comment vous voulez progresser.

Les autres options d'édition

J'ai parlé des deux extrémités du spectre de l'édition comme exemple mais de nos jours, il y a beaucoup plus d'options pour les auteurs. Ce schéma téléchargeable par Jane Friedman donne une vue plus globale des options qui sont disponibles [39].

Il y a de nouvelles sociétés qui apparaissent chaque jour — dont certaines offrent un intérêt évident et d'autres sont juste des requins qui vont prendre votre argent et s'enfuir. La plupart des compagnies de « services aux auteurs » sont dirigées aux États-Unis par Authors Solutions, qui appartient à Penguin

[39] http://janefriedman.com/2015/04/17/key-book-publishing-path/

Random House, donc méfiez-vous d'eux. Faites vos vérifications et obtenez des témoignages d'auteurs qui sont contents de recommander le service avant de signer quoi que ce soit.

Alors comment évaluez-vous ces options ?

Mon critère de base est : comment est-ce que cette société gagne de l'argent ?

Les éditeurs traditionnels devraient vous payer d'avance sur royalties, si bien que vous gagnez de l'argent, puis ils gagnent de l'argent à leur tour quand votre livre se vend.

En faisant tout vous-même, comme je le fais, cela veut dire que vous pouvez publier gratuitement avec Amazon KDP, Kobo Writing Life, iBooks, Draft2Digital et SmashWords. Ces sociétés sont gratuites (oui, zéro euro) pour l'édition puis elles prennent un pourcentage des droits d'auteur. **Elles ne gagnent de l'argent que quand vous gagnez de l'argent**. Si vous vous autoéditez, vous devrez payer pour la correction et le design de la couverture au début. Mais les prix de ces prestations ne devraient pas vous mettre sur la paille et vous devriez utiliser des professionnels que d'autres auteurs vous ont recommandé.

Si vous voulez utiliser des services qui vous font payer pour d'autres choses, alors s'il vous plaît vérifiez ces ressources suivantes :

http://pred-ed.com/peba.ht – un site de surveillance pour les auteurs avec la liste de tous les éditeurs qui sont recommandés et de ceux qui sont presque des arnaques.

http://www.sfwa.org/other-resources/for-authors/writer-beware/ une liste d'arnaques des auteurs et de sociétés dont il faut se méfier.

Choisir un service d'autoédition–par l'alliance des auteurs indépendants [40], disponible dans toutes les boutiques en ligne. Écrit par des auteurs et pour des auteurs pour que vous ayez

[40] http://allianceindependentauthors.org/?affid=88

un conseil qui ne soit pas biaisé. Vérifier aussi le blog Self Publishing Advice [41] qui contient des articles de chiens de garde.

Note du traducteur : Ce genre de liste n'existe pas en France, car ce genre de société attaque systématiquement les gens qui les pointent du doigt.

Avez-vous besoin de plus d'aide pour devenir indépendant ?

Allez jeter un œil à ces ressources-là :

Mon propre Auteur 2.0 Blueprint [42] – de quelle manière j'écris, je m'autoédite et vends mes livres. Il y a aussi une série d'e-mails avec des vidéos et plus de ressources si vous vous inscrivez.

Devenir numérique : comment s'autoéditer et pourquoi vous devriez le faire – de David Gaughran. Et d'autres recommandations de livres ici [43] et sur le site edition-ebooks.com en français [44].

L'alliance des auteurs indépendants – une organisation géniale pour les auteurs qui veulent s'autoéditer professionnellement. Les membres reçoivent des livres numériques et d'autres ressources sur l'autoédition, puis en plus il y a un groupe Facebook vivant et des séances de questions-réponses mensuelles ou je réponds aux questions avec Orna Ross, la fondatrice de l'alliance.

[41]http://www.selfpublishingadvice.org/
[42]http://www.thecreativepenn.com/blueprint/
[43]http://www.thecreativepenn.com/books-for-writers/
[44]http://www.edition-ebooks.com/comment-publier-un-livre-ressources/

1.5 Comment autoéditer un livre numérique

Si vous voulez autoéditer un livre numérique, voici les étapes basiques et mon processus personnel pour référence. Cela peut sembler compliqué si vous essayez pour la première fois, mais comme toutes les compétences, cela devient de plus en plus facile à chaque fois que vous le faites. L'édition prend à peine peu de temps après que l'ayez fait pour plusieurs livres. C'est l'écriture et le marketing qui prennent le plus de temps, et ceci est vrai, quelle que soit la manière dont vous vous éditez.

Avant que vous publiiez

Il y a un certain nombre de choses que vous aurez besoin de faire avant de cliquer sur publier.

Oui il vous faut un livre génial ! Un correcteur professionnel peut vous aider à le faire et je suis complètement supporter du fait de dépenser de l'argent et des efforts sur cette étape afin d'avoir un résultat de qualité – voici ma liste de correcteurs [45] et celle de Cyril Godefroy [46] si vous en avez besoin.

Un titre qui attire les lecteurs. Pour les livres pratiques, vous voulez utiliser des titres qui contiennent les mots-clés que les gens recherchent. Par exemple, j'ai changé le titre de mon premier livre en *Changement de carrière*, car les gens recherchaient en fait cette information. Vous pouvez faire des recherches en tapant vos idées dans la barre de recherche d'Amazon et en regardant ce que cette barre de recherche vous suggère. Les phrases et mots-clés qui sont affichés sont les recherches les plus populaires.

[45] http://www.thecreativepenn.com/editors/

[46] http://www.edition-ebooks.com/marketing-pour-auteurs/editeurs-et-correcteurs/

Pour la fiction, il s'agit plus de résonner avec votre genre et de donner une impression de votre livre – c'est beaucoup plus difficile ! Vous pouvez changer le titre, mais c'est difficile, comme je l'ai découvert quand j'ai retitré mes trois premiers romans.

Une couverture géniale. Passez du temps à regarder les livres qui se vendent le mieux dans la catégorie que vous ciblez sur Amazon. Prenez des captures d'écran puis ensuite travaillez avec un graphiste de couverture pour créer une couverture fantastique. Voici ma liste [47]. Ceci est une étape critique, car votre couverture est un élément important de votre marketing de livre. Vous pouvez aussi changer votre couverture plus tard, comme de nombreuses personnes le font.

Vérifiez vos droits. Si vous avez déjà des contrats pour vos livres, ou que vous avez déjà été publié dans le passé, vérifiez que vous avez bien les droits avant d'autoéditer des ouvrages existants. Si vous êtes un nouvel auteur ou que vous vous autoéditez et que vous n'avez signé aucun contrat, vous avez les droits et vous pouvez faire ce que vous voulez. Vous pouvez éditer de toutes les manières suivantes. Il n'y a pas de règles et vous pouvez vendre dans le monde entier sur de multiples plates-formes (woohoo !).

Écrivez votre description pour la page de vente

C'est un art et une compétence que nous essayons tous d'améliorer ! Votre objectif est de séduire le lecteur afin qu'il télécharge un extrait ou qu'il achète. Il y a de nombreux aspects en ce qui concerne une bonne description de vente et une manière de se préparer à en écrire une est de regarder la liste des 10 ou 15 livres qui se vendent le mieux dans votre genre. Copiez les descriptions de vente de chacun d'eux. Qu'est-ce que vous préférez ? Qu'est-ce qui résonne avec vous ? Quels mots utilise-t-il ? Créez votre description en utilisant ce modèle. Voilà

[47]http://www.thecreativepenn.com/bookcoverdesign/

un article [48] qui aidera les auteurs de fiction avec les descriptions pour les pages de vente. Ou allez regarder le livre de Libby Hawker, Gotta Read It: 5 Simple Steps to a Fiction Pitch That Sells (en anglais, forcément).

C'est beaucoup plus facile pour les livres pratiques. Il faut que vous expliquiez et démontriez que vous allez répondre à la question du lecteur ou résoudre ses problèmes. Vous pouvez aussi inclure votre table des matières pour leur montrer ce qu'il y a à l'intérieur.

Formatez votre e-book

Vous avez besoin d'un fichier mobi pour Kindle et d'un fichier epub pour les autres plates-formes, mais ne laissez pas ces aspects techniques vous décourager. Il y a de nombreuses options pour s'occuper du formatage.

Charger des documents Word dans de nombreux sites. Par exemple SmashWords et Draft2digital et laissez-les faire un formatage automatique. Cela ne me fonctionne bien que pour des textes simples et vous ne pourrez pas modifier le formatage que vous n'aimez pas.

Faites-le vous-même en utilisant la fonction compilation de Scrivener. C'est ainsi que je fais mes fichiers et cela me permet de les tester sur mes appareils avant de les télécharger. Scrivener ne coûte que 45 USD et la fonction compilation est juste une partie de ce logiciel génial, logiciel qui est adoré par de nombreux auteurs. Je recommande aussi le programme de vidéo Apprenez Scrivener vite qui comprend des vidéos sur le formatage.

Payez un formateur professionnel. Il y a beaucoup de formateurs professionnels de nos jours et certains offrent le formatage en version papier en même temps que le formatage électronique. Voici ma liste [49]. Vous pouvez aussi demander

[48] http://catherineryanhoward.com/2012/10/05/the-11-ingredients-of-a-sizzling-book-description/

[49] http://www.thecreativepenn.com/formatting/

aux autres auteurs pour des recommandations ou utiliser le répertoire de l'alliance des auteurs indépendants.

Je sais que certaines personnes ne veulent rien avoir à faire avec les fichiers des e-books. J'étais comme ça auparavant, mais sérieusement, si vous publiez beaucoup, alors essayez Scrivener. Cela vous économisera beaucoup d'argent si vous faites ça sur le long terme.

Publiez votre livre

À nouveau, il y a différentes options :

Vous connecter directement chez les distributeurs. Pour les meilleurs taux de royalties, la facilité du contrôle, la rapidité des changements et des métadonnées plus complètes, c'est une bonne idée de publier directement chez les distributeurs, qui sont d'ailleurs tous gratuits. J'utilise Amazon KDP pour Kindle [50], Kobo Writing Life [51] et iTunesConnect [52] pour iBooks.

Utiliser un agrégateur comme SmashWords, Draft2Digital ou BookBaby. Vous pouvez utiliser un de ces sites pour distribuer sur toutes les boutiques, ce qui vous permettra de réduire le nombre de plates-formes que vous devez surveiller et pour lesquelles vous devez vous-même faire un changement. Vous pouvez aussi les utiliser pour d'autres boutiques. J'utilise SmashWords et Draft2Digital pour mes livres, en plus des sites cités au-dessus, et j'utilise SmashWords pour Overdrive et les bibliothèques et Draft2Digital pour Tolino (la boutique allemande de livres numériques) et Nook. Auparavant j'utilisais NookPress, mais cela m'a posé tellement de soucis que maintenant j'utilise D2D.

Quand vous publiez, il faudra :

Choisir vos catégories. Ce sont les genres et sous-genres que vous trouverez sur les boutiques en ligne, par exemple

[50] http://kdp.amazon.com/

[51] http://www.kobo.com/writinglife

[52] http://itunesconnect.apple.com/WebObjects/iTunesConnect.woa/wa/bookSignup

romance historique, ou thriller conspiration. Vous les choisissez pour votre livre quand vous vous autoéditez et vos choix seront critiques pour que votre livre soit découvert. Passez du temps à réfléchir et à décider lesquels sont les meilleurs pour votre livre.

Pensez à la manière dont les gens parcourent les boutiques en ligne ou sur leurs appareils. Ils vont probablement naviguer vers la sous-catégorie dans laquelle ils aiment lire des livres, par exemple, j'aime bien naviguer dans thrillers, mais aussi dans action et aventure, et dans les livres pratiques je regarde toujours les derniers livres sortis dans entrepreunariat et business. Ces deux-là sont des catégories, mais elles peuvent être assez détaillées.

Vous pouvez sélectionner deux à trois catégories pour votre livre sur la plupart des boutiques en ligne, mais beaucoup plus chez Apple si vous publiez en direct. Connectez-vous sur n'importe lequel des sites où publier et vérifiez les menus déroulants pour les catégories pour voir quelles sont vos possibilités. Pour en savoir plus sur les catégories, suivez cette interview avec Nick Stephenson [53].

Choisir vos mots-clés. Ce sont des mots ou des phrases qui peuvent être utilisés pour décrire votre livre, mais aussi que les clients peuvent utiliser pour rechercher. Par exemple, « changement de carrière » est une phrase mot-clé que j'ai utilisé comme titre de livre aussi bien que comme mot-clé. « Thriller Surnaturel » serait une phrase mots-clé pour ma fiction. Les mots-clés sont un autre mécanisme qui vont aider votre livre à être visible dans les boutiques.

Ils peuvent vous aider à être mieux classé pour certains mots mais aussi vous permettre d'être dans des catégories plus précises sur Amazon. Donc par exemple, mes livres apparaissent dans thriller/conspiration, qui n'est pas disponible en tant que champ de catégorie – cela ne peut être choisi qu'en utilisant le mot-clé la phrase mot clé « thriller conspiration ». Comme je le notais dans la section sur le titre qui se trouvait avant, vous pouvez utiliser la barre de recherche d'Amazon pour trouver des

[53]http://www.thecreativepenn.com/2015/03/21/nick-stephenson-marketing/

termes de recherches qui sont appropriées à votre livre. Pour en savoir plus sur les mots-clés, lisez cet article [54].

Choisir les territoires où vous voulez publier. Si vous vous autoéditez et que vous n'avez pas signé un contrat pour aucun droit, vous pouvez juste choisir tout. Si vous avez vendu certains de vos droits, vous pouvez toujours vous autoéditer dans les autres territoires. Par exemple, de nombreux auteurs qui ont vendu leurs droits dans les États-Unis et au Canada pourraient s'autoéditer au Royaume-Uni et dans le reste du monde. Il est très important de penser à ça, car si vous voulez gagner de l'argent avec vos écrits, vous voulez être publié dans tous les territoires disponibles et maximiser votre distribution.

Choisir votre prix. Il y a de nombreux débats sur le fait de choisir un prix et le meilleur conseil est généralement de ne pas trop vous préoccuper de cette question quand vous avez seulement quelques livres. Votre tâche principale devrait être d'avoir des lecteurs, ce qui veut en général dire choisir un prix faible ou gratuit afin que les gens prennent un risque pour un nouvel auteur. Une fois que vous avez plusieurs livres, vous pouvez choisir des prix à différents niveaux – par exemple j'ai des livres gratuits, des fictions complètes à 4,99 USD et des plus petits romans à 2,99 dollars. Mes livres pratiques sont plus chers, entre 4,99 et 9,99 USD, et j'ai des coffrets entre 6,99 dollars et 12,99 USD. Les prix au-dessus de 9,99 USD ne sont pas recommandés sur Amazon, puisque le taux de royalties baisse, mais pour Apple et Kobo, vous pouvez monter au-dessus de 9,99 USD et continuer à recevoir les meilleurs taux de royalties. Les lecteurs sur ces plates-formes sont aussi plus habitués à payer des prix plus élevés.

D'autres points intéressants :

De nombreuses plates-formes utilisent maintenant un champ série pour grouper les livres ensemble. Faites attention à épeler

[54] http://www.thecreativepenn.com/2013/02/28/keywords-metadata-discoverability/

la série exactement de la même manière sur chaque livre afin qu'ils soient reliés les uns aux autres correctement. C'est un aspect critique pour les différents algorithmes qui vont recommander les livres qui font partie d'une même série. Et si vous n'écrivez pas une série, pourquoi ne le faites-vous pas ?

Vous pouvez aussi utiliser les précommandes sur certaines boutiques — Amazon autorise ça jusqu'à 10 jours en avance, Apple pour un an entier et Kobo pour plusieurs mois. C'est utile si vous avez une série et que vous savez que d'autres livres sont prévus. Vous pouvez déclencher des ventes sur une plus longue période plutôt que d'attendre la semaine du lancement et essayer uniquement à ce moment-là d'avoir l'attention de vos lecteurs.

Qu'en est-il du paiement ?

Le pourcentage de royalties est différent suivant les boutiques et aussi suivant les régions, et dépend aussi si vous êtes dans le programme d'exclusivité d'Amazon KDP select. (Voici les avantages et les inconvénients [55] de l'exclusivité selon moi si vous vous demandez s'il faut y participer.) Les royalties sont généralement entre 35 % et 70 % du prix net que vous définissez en tant qu'auteur autoédité.

Note du traducteur : en France il faut en plus prendre en compte le fait que vous déterminez un prix toutes taxes comprises, duquel il faudra enlever la TVA, qui est différente suivant le pays en Europe.

Vous recevrez généralement le paiement 60 jours après le mois de vente donc à la fin de mai, je recevrai mes royalties pour mes

[55] http://www.thecreativepenn.com/2014/08/30/exclusivity/

ventes de mars. Certaines boutiques paient en utilisant PayPal et certaines paient trimestriellement. Je peux voir les rapports à tout moment sur tous les revendeurs principaux concernant les ventes donc je peux prévoir mon cash-flow.

1.6 Comment autoéditer un livre papier

Bien sûr vous voulez un livre papier. Vous voulez le tenir dans vos mains et vous dire, « j'ai fait cela ! » Et c'est une chose que vous avez tout à fait raison de vouloir.

De nombreux lecteurs lisent encore uniquement en papier et donc c'est une part de marché que vous voulez être capables d'atteindre. En mars 2015, le site theBookseller [56] a rapporté que les ventes de livres en ligne avaient supplanté les ventes en librairie, donc le fait d'avoir un livre en vente en ligne peut toujours rapporter de l'argent. C'est aussi bien d'avoir des livres papier pour les présentations, le marketing, les concours gratuits, sinon certaines personnes ne vous considèrent pas comme un « véritable » auteur. C'est peut-être idiot, mais c'est surprenant comme c'est fréquent.

C'est aussi bon pour la comparaison des prix. Regardez une page de description de vente de livres sur Amazon et s'il y a un e-book et aussi une version papier, vous verrez une « réduction ». Le consommateur considérera alors que la version e-book est une meilleure affaire. Donc le fait d'avoir une version papier pour le prix de comparaison est une bonne raison d'en avoir. C'est la raison pour laquelle je fais du papier même pour mes petits romans.

Quelles sont les options pour le papier ?

Il y a deux options pour imprimer des livres en version papier :

Impression à la demande :

Vous téléchargez l'intérieur de votre livre et un fichier de couverture auprès de l'une des sociétés de services d'impression à

[56] http://www.thebookseller.com/news/online-book-shopping-overtakes-store-first-time

la demande. Quand un livre est commandé, un exemplaire est imprimé et envoyé directement au client. Pas besoin de payer d'avance pour des copies à imprimer. Pas besoin d'avoir un stock. Pas besoin de courir à la poste. Vous récupérez juste les profits après la vente. Je recommande beaucoup cette option pour la plupart des gens, car il y a très peu de risques et vous pouvez acheter un certain nombre de vos copies pour faire des concours, du marketing et pour votre ego. C'est ce que je fais et je suis très contente avec ce système.

Petite impression :

Cette option implique de travailler avec un imprimeur ou un éditeur partenaire et d'avoir un certain nombre de copies qui sont imprimées avant la distribution ou l'achat par les consommateurs. Il faudra que vous payiez pour cela avant de pouvoir commencer à les vendre, donc financièrement cela implique une dépense, et potentiellement une grosse dépense. Cette option est seulement recommandée si vous avez une méthode de distribution qui est disponible, par exemple si vous êtes un conférencier et que vous vendez des livres à la sortie des conférences, ou si vous avez des ventes qui sont garanties. J'ai fait une petite impression une fois — j'ai perdu de l'argent et les livres ont fini à la décharge — donc s'il vous plaît soyez attentifs et faites vos comptes si vous allez choisir cette option. Si vous voulez faire une petite impression, pensez à prendre en compte le transport, car les livres sont lourds et cela peut ajouter un coût considérable.

Avant l'édition

Il faudra que vous ayez un intérieur de livre formaté et une couverture prête avant de publier. Il faudra que vous choisissiez la taille de votre livre papier et que vous fassiez soit les fichiers vous-même ou payiez un professionnel du formatage pour faire cela pour vous. Voici ma liste de designers de couvertures [57], dont de nombreux font aussi le formatage.

Vos options en ce qui concerne le formatage de l'intérieur comprennent :

Utiliser les modèles gratuits disponibles chez les fournisseurs d'impression à la demande. Vous téléchargez juste le modèle pour la taille que vous voulez et vous le remplissez.

Pour les fichiers de l'intérieur, vous pouvez utiliser les modèles très professionnels produits par Joël Friedlander sur book designer [58].

Vous pouvez payer un professionnel du formatage. Voici ma liste de prestataires pour la mise en forme [59] avec lesquels j'ai travaillé et que d'autres personnes m'ont recommandé. Vous pouvez aussi en rechercher en ligne ou demander à d'autres auteurs indépendants leurs recommandations.

Les sociétés d'impression à la demande recommandées

Il y a deux principales options pour l'impression à la demande qui sont toutes les deux recommandées par de nombreux auteurs.

CreateSpace :

C'est la société d'impression à la demande d'Amazon. Elle a un processus simple, des modèles téléchargeables et une aide en ligne au fur et à mesure. Une fois que vous avez téléchargé vos fichiers, ils vous donneront le coût de votre livre et alors vous pouvez ajouter les bénéfices que vous voulez faire. Vous pouvez ensuite approuver sur le site ou commander une copie

[57]http://www.thecreativepenn.com/bookcoverdesign/
[58]http://bit.ly/11X9v6T
[59]http://www.thecreativepenn.com/formatting/

pour vérifier si c'est OK avant d'approuver pour la vente dans les boutiques. Cela ne coûte rien de publier. La seule dépense est pour l'exemplaire de validation et ensuite vous êtes payés à chaque vente. L'option de distribution étendue signifie que votre livre sera disponible dans les boutiques en ligne partout dans le monde — j'ai même trouvé certains des miens en Suède ! Une petite astuce, si vous commandez vos propres livres sur Amazon régulièrement, vous pouvez avoir l'expédition gratuite avec Amazon Premium.

Ingram Spark :

Si vous voulez avoir votre livre disponible dans des librairies physiques, alors Ingram Spark est une meilleure option que CreateSpace. Il faudra toujours que vous fassiez en sorte que les librairies commandent les livres, mais les distributeurs ont plus de chance de commander des livres qui viennent d'Ingram plutôt que CreateSpace. Il y a des frais de démarrage et de création qui sont faibles et d'autres charges en fonction de ce que vous faites avec vos livres. La principale chose à retenir c'est que si vous voulez vendre en librairie il faut que vous preniez en compte les réductions et les retours, qui peuvent avoir un impact important sur le sur la rentabilité de vos livres. De nombreux professionnels indépendants utilisent CreateSpace pour Amazon et utilisent ensuite Ingram Spark pour la distribution étendue aux libraires. Voilà un article de l'alliance des auteurs indépendants [60] sur comment utiliser les deux services ensemble.

De nombreux auteurs sont passionnés par le papier. Personnellement, j'ai choisi de n'utiliser que CreapeSpace. J'adore avoir des livres papier, mais les ventes en librairie ne sont pas une part importante de mon modèle économique. Il faut que vous décidiez comment le papier rentre en ligne de compte dans votre définition du succès.

[60] http://hwww.selfpublishingadvice.org/how-to-use-createspace-and-ingram-spark-together/

Un mot sur les codes ISBN

De nombreux indépendants considèrent que les ISBN sont importants et ils ont certainement raison si vous voulez vendre des livres dans des boutiques réelles. Ils sont indispensables pour les systèmes de commandes automatiques et pour suivre les livres. Mais vous n'avez pas besoin d'un code ISBN pour gagner votre vie en écrivant. Je n'en utilise pas moi-même et je n'ai jamais vu une quelconque preuve que le fait d'avoir un ISBN aide les indépendants à gagner plus d'argent. Pour les livres numériques et les livres audio, vous n'en avez pas besoin.

Pour les livres papier, j'utilise seulement les ISBN gratuits de CreateSpace. Cela n'a pas d'impact sur les droits d'auteur ou le copyright du livre. Un champ d'informations dans un système quelque part dit que CreateSpace est l'éditeur, mais comme nous en avons déjà discuté, qui fait ses achats en fonction de l'éditeur de toute manière ?

Encore une fois, il faut que vous fassiez votre propre décision. Comment les ISBN rentrent-ils dans votre définition du succès ?

Comment cela se passe-t-il pour les paiements avec l'impression à la demande ?

Vous fixez vous-même les gains que vous voulez faire par livre et vous voyez les rapports de vente en ligne à tout moment. Vous serez payés par un virement ou par un chèque (en fonction de votre pays) à la fin du mois suivant le mois de vente.

1.7 Comment autoéditer un livre audio

Le marché des livres audio est incroyablement excitant et il y a de nombreux développements technologiques qui sont en train d'arriver qui vont continuer à booster la croissance de l'audio.

L'audio en streaming dans les applications des téléphones mobiles signifie qu'il est plus facile qu'auparavant d'acheter et d'utiliser des livres audio et des podcasts. Google Auto et Apple CarPlay vont apporter le streaming audio dans les voitures en 2016. La technologie WhisperSync signifie que vous pouvez lire sur votre livre ou votre liseuse au petit déjeuner, puis aller dans votre voiture et continuer à écouter où vous avez arrêté de lire. Amazon fait aussi des ventes rattachées de livres audio avec les e-books aux États-Unis, et si un client a déjà acheté la version e-book, le livre audio est moins cher.

En plus, le nombre de livres audio disponibles aujourd'hui est beaucoup plus faible que pour l'impression ou les e-books, donc vous avez plus de chances de faire la différence. La plupart des auteurs édités traditionnellement ont donné leurs droits pour les livres audio et la plupart de ces ouvrages ne deviendront jamais de l'audio, donc les indépendants ont l'avantage d'avoir la possibilité de répondre plus vite à ce marché en croissance.

Utiliser ACX pour devenir indépendant dans l'audio

ACX.com [61] est la plate-forme d'échanges de création de livres audio, où les auteurs et les détenteurs de droits peuvent collaborer avec des narrateurs et des producteurs pour simplement autoéditer des livres audio. C'est une compagnie Amazon et vos livres seront disponibles sur Amazon, Audible et iTunes.

Au moment où j'écris cela, ACX.com est seulement disponible aux auteurs aux États-Unis et au Royaume-Uni, mais on peut es-

[61]http://ACX.com

pérer qu'ils vont étendre leur distribution à d'autres territoires au cours du temps. Il y a plusieurs moyens de faire de l'audio sans ACX, mais c'est plus difficile. Jetez un œil à *Making Tracks: A Writer's Guide to Audiobooks and How to Produce Them* par J. Daniel Sawyer si vous voulez en découvrir plus. Si vous êtes aux États-Unis ou au Royaume-Uni, continuez à lire ce paragraphe.

Le processus fonctionne de la manière suivante :

Le détenteur de droits/auteur se connecte à ACX et réclame son livre avec le code ASIN d'Amazon — la référence qu'Amazon donne à chaque livre numérique dans la boutique. Il faut que vous déteniez légalement les droits pour le faire, par exemple, si vous êtes un indépendant qui n'a pas signé un contrat pour le livre ou un auteur publié traditionnellement qui n'a pas vendu les droits audio.

Vous fournissez des détails supplémentaires sur le livre qui sont intéressants pour les narrateurs, par exemple quel type de voix serait idéal ? Un male âgé africain américain ou une jeune adulte féminine seraient deux extraits. Vous pouvez aussi ajouter l'information sur les commentaires et les ventes, ce qui est particulièrement important si vous voulez faire en sorte d'attirer un narrateur expérimenté.

Vous décidez du type de contrat que vous voulez utiliser. Les options sont : a) payer le narrateur un montant par nombre d'heures audio finales et à ce moment-là vous gardez toutes les royalties, b) faire un partage à 50/50 des royalties avec un narrateur sans dépenser d'argent au début, C) enregistrer le dos l'audio séparément, soit vous-même ou avec un narrateur externe, puis télécharger et conserver les royalties en intégralité.

Décidez si vous voulez être exclusifs avec ACX. Si vous êtes exclusifs, vous aurez des royalties plus importantes, mais vous ne pourrez pas vendre ailleurs que par le canal d'Amazon, Audible et iTunes.

Téléchargez un extrait de votre livre pour que les narrateurs puissent faire une audition.

Les narrateurs seront alertés de votre livre et avec de la chance ils feront une audition pour vous. Quand les auditions arrivent, **décidez si le narrateur est celui que vous recherchez**. Vous pouvez décliner des auditions et donner un retour si vous voulez. Si vous n'avez pas d'audition de narrateur, c'est probablement parce que votre livre n'a pas assez de commentaires ou de ventes. Vous pouvez aussi trouver des narrateurs avec vos contacts d'autres auteurs et aller chercher directement au lieu d'attendre passivement les auditions. J'ai trouvé moi-même deux narrateurs au travers de recommandations d'amis, et un m'a trouvé grâce à ACX.

Quand vous trouvez le bon narrateur, **acceptez l'audition**, puis décidez de dates pour la production. Il vous faudra vous assurer de la qualité des fichiers, en écoutant et en vérifiant la narration aussi bien que d'autres problèmes qui pourraient survenir. J'ai confiance en mes narrateurs en tant que professionnels et je considère que le livre audio est une adaptation, donc je ne corrige que les problèmes de prononciation qui viennent en général d'une problématique liée aux différences de prononciation entre l'anglais du Royaume-Uni et l'anglais américain.

Une fois que la qualité d'assurance des fichiers est faite, **l'audio book est disponible**. Vous allez recevoir des codes promo d'ACX afin de solliciter des commentaires avant les ventes et les ventes vont commencer.

Les aspects financiers des livres audio

Si vous faites un contrat de séparation des royalties avec un narrateur, vous ne payez rien au préalable et vous ne faites que partager les royalties entre vous. ACX fait cela pour vous et l'argent est déposé sur votre compte bancaire chaque mois. Personnellement, je trouve que c'est fantastique et l'année dernière, cela a été une source de revenus supplémentaire fantastique pour moi et pour de nombreux auteurs.

Vous pouvez aussi payer le narrateur au début, ce qui coûtera plusieurs centaines d'euros par heure de livre audio finale. Vous pouvez aussi engager un studio et faire la narration du livre vous-même. Les coûts d'un studio pour la production d'audio varieront en fonction du studio, mais les miens étaient environ de 50 USD par heure. La plupart des auteurs avec des revenus décents disent qu'ils couvrent ces coûts en quelques mois, en tout cas pendant la première année, et les ventes suivantes ne sont que profits.

Plus d'aide avec l'audio :

Cela peut sembler compliqué, mais cela ne l'est pas vraiment, et c'est beaucoup plus facile à faire que d'écrire à propos du processus ! Ces articles vous aideront si vous voulez aller plus vers le livre audio :

- Tips for distribution and marketing for audiobooks on ACX [62].
- How to record your own audiobooks on ACX [63]. Toutes mes astuces issues de l'enregistrement du livre *Business for Authors: How to be an Author Entrepreneur*.
- Audiobooks for Indies par Simon Whistler. Disponibles sur les plates-formes de livres numériques.

[62]http://www.thecreativepenn.com/2014/05/01/audiobooks-acx-marketing/

[63]http://www.thecreativepenn.com/2015/04/20/record-your-own-audiobooks/

1.8 Comment gagner véritablement de l'argent avec les livres

Je suppose que vous lisez ce livre parce que votre succès pour vous est au moins pour une partie défini par les ventes et les revenus. Donc, dans cette section nous allons voir ensemble comment gagner véritablement de l'argent des livres.

1) Écrivez plus de livres

Cela peut sembler évident, mais c'est étonnant à quel point de nombreux auteurs assument qu'ils peuvent gagner de l'argent avec deux, voire même un seul livre.

Mais observez toutes les autres activités autour de vous. Est-ce qu'il y a des vendeurs qui basent leurs affaires sur un très faible nombre de produits ? Est-ce qu'il y a des éditeurs qui basent leurs business et leurs revenus sur juste deux livres ?

Si vous regardez la liste des auteurs qui gagnent le mieux leur vie dans le monde, ils ont généralement un nombre très important de livres et ils ont écrit longtemps. De nombreux auteurs écrivent plusieurs livres par an. Si vous adorez écrire, alors cela ne devrait pas être un problème pour vous. Ce sera la partie amusante, et voici les bonnes nouvelles. Plus vous avez de livres, moins vous avez besoin de faire du marketing parce que vous aurez une audience qui sera prête et qui attendra vos livres, vous aurez la masse critique sur les rayons des librairies numériques et vous aurez plusieurs sources de revenus.

Si vous avez 20 livres, et que chaque livre ne vend que quelques exemplaires par jour, vous allez de toute façon gagner plus d'argent au cours du temps que quelqu'un avec juste un livre. Un livre avec un grand lancement peut avoir un pic de vente initial mais au cours du temps les le nombre d'exemplaires va réduire, à moins qu'un autre livre ne vienne pour booster le premier.

Plus vous avez de livres, plus vous allez vendre. Et, bien sûr, plus vous écrivez de livres, plus vous serez un bon auteur.

2) Écrivez des livres que les gens veulent acheter : en fonction du genre ou de la catégorie

Cela n'a pas d'importance combien de marketing vous faites. Si vous écrivez dans un genre ou une catégorie qui ne vend pas, alors vous ne pourrez pas avoir des revenus et gagner de l'argent avec vos écrits.

C'est dur, je sais, mais c'est vrai.

Bien sûr il faut que vous écriviez le livre que vous avez en vous. J'ai certainement fait ça avec mon premier livre et quelques-uns de mes romans. C'est important pour votre intégrité créative. Mais si vous passez des années à écrire de la poésie et des histoires courtes en littérature blanche, ne vous plaignez pas si vous ne pouvez pas gagner votre vie de vos écrits.

Si vous voulez savoir ce que les gens achètent, passez du temps à regarder les palmarès de vente sur Amazon. Ou prenez un raccourci et allez voir les données sur authorearnings.com [64].

70 % des 200 000 e-books les plus vendus sont des fictions de genre — romance, policier, thriller, science-fiction et fantasy. Comment pouvez-vous écrire à l'intersection de ce que les gens aiment lire et de ce que vous aimez écrire ? C'est la clé.

Je lis bien entendu dans de multiples genres, y compris de la poésie et de la fiction littéraire. Mais quand j'étais misérable dans mon boulot quotidien, je lisais des thrillers pour m'évader de la misère de mes journées. C'était un moyen pour moi d'oublier ma propre vie un instant et de vivre des aventures excitantes ailleurs. C'est ce que les livres sont pour de nombreuses personnes. Donc j'écris ce type de thriller maintenant, parce que j'adore en lire, et

[64] http://AuthorEarnings.com

il en est de même pour de nombreuses autres personnes. C'est aussi très amusant à écrire. La romance est un genre qui vend mieux, mais je ne lis pas de romance, donc je ne vais pas en écrire. Il faut que vous soyez immergé dans votre genre afin de bien écrire. Vous ne pouvez pas tromper vos lecteurs !

Passez du temps à regarder les sous-genres et comment ils sont structurés. Je sais que de nombreux auteurs détestent « les boîtes », mais vous devez choisir deux sous-catégories quand vous autoéditez un livre et votre agent aimera savoir ce que vous écrivez si vous voulez un contrat avec l'industrie traditionnelle. Vous devez savoir quels sont les auteurs auxquels vous comparer et cela vous aidera à rechercher les genres et à découvrir ce qui se vend le mieux. Par exemple, j'écris des livres qui pourraient être compris dans les thrillers supernaturels, conspiration et action et aventure. Mes livres ne rentrent pas dans thriller médicaux ou espionnage. La fiction littéraire est aussi un genre : il y a beaucoup de sous genres à l'intérieur de cette catégorie de nos jours.

Regardez les classements des livres qui se vendent le plus par sous genre pour choisir ceux qui se vendent le mieux. Regardez les couvertures et les titres, mais aussi les descriptions des pages de vente. Quelles sont les images qui sont utilisées ? Quelles sont les attentes de l'audience de ce type de livre ? Qu'est-ce que les livres qui se vendent le mieux ont en commun ? Comment votre livre se compare-t-il aux autres ? Que pouvez-vous faire pour l'améliorer ?

3) Écrivez des livres que les gens veulent acheter : par termes de recherche

Les gens veulent un livre pour les loisirs, l'inspiration ou des informations. Si vous n'êtes pas encore un auteur ayant une marque, votre livre pratique sera plus probablement découvert s'il répond à la question de quelqu'un ou l'aide à résoudre un problème.

Alors, comment font les gens pour trouver ces livres ? Ils

recherchent par catégorie dans les librairies et ils recherchent aussi en utilisant la barre de recherche afin de trouver quelque chose qui leur correspond. Ils tapent des mots-clés ou des phrases clés dans Amazon ou Google et regardent quels sont les résultats. Amazon est en fait un moteur de recherche pour les gens qui sont activement prêts à acheter, donc vous voulez vraiment que votre livre ressorte dans les recherches qui correspondent.

Essayez ceci.

Allez sur amazon.com et changez le filtre de recherche sur la boutique Kindle afin de vous concentrer sur les e-books.

Maintenant, tapez « comment » et regardez ce qui ressort.

Vous aurez un menu déroulant des principaux termes de recherche qui commencent avec ses mots.

Recherchez « comment publier un livre ». Vous devriez trouver mon livre sur la première page de résultats. Le titre de ce livre a été designé pour qu'il soit plus facile à découvrir. Je n'ai pas trouvé un titre qui était intelligent. J'ai juste titré par les meilleurs termes de recherche possibles pour décrire le contenu.

J'ai toutefois appris cela de la manière la plus difficile possible. Mon premier livre en 2008 était titré *Comment apprécier votre boulot ou trouver un nouveau boulot.* Ce n'est pas le titre le plus inspirant n'est-ce pas ! En 2012, après avoir quitté mon emploi, j'ai mis à jour les contenus et changé le titre du livre. C'est maintenant *changement de carrière : arrêtez de détester votre job, découvrez ce que vous voulez vraiment faire dans votre vie et commencez à le faire.* Le livre ressort dans les premiers résultats de recherche pour le terme « changement de carrière », donc les gens le trouvent même si je ne fais aucun marketing pour ce livre et qu'il n'est pas en connexion avec ma plate-forme d'auteur.

Essayez ce type de recherche pour vos propres sujets. C'est incroyable ce que recherchent les gens, et cet exercice pourrait vous donner de nouvelles idées pour d'autres livres à écrire.

4) Écrivez une série et faites en sorte que les gens soient accrochés

Il y a eu une modification dans notre culture de la consommation, en ce que les gens ont pris l'habitude de regarder et lire à outrance. Par exemple, ils veulent regarder l'intégralité d'une série sur une période courte plutôt que regarder chaque épisode individuellement. Quand la dernière saison de *House of Cards* a été publiée, nous l'avons regardée pendant un très long week-end, car c'est une série de qualité et nous voulions nous immerger dedans.

Donc si vous avez une série de livres et que les gens en achètent un et apprécient le personnage, ils sont à même d'acheter le prochain et de vous suivre pendant toute la série. Cela maximise votre revenu par lecteur, alors que si vous avez des livres qui sont individuels sans personnages reliés, les gens pourraient en lire un et ne pas lire les autres de vos livres. Personnellement, je me suis aussi rendu compte que mes revenus ont augmenté de quelques centaines par mois à un millier par mois une fois que j'ai eu trois livres dans une série et, anecdotiquement, de nombreux auteurs parlent de cinq livres dans une série comme un moment ou des ventes régulières arrivent. L'objectif est de créer une addiction. Les auteurs de romances en particulier font ça très bien. Regardez des séries par Bella Andre, Barbara Freethy et H.M.Ward pour voir comment les véritables pros font ça.

Cela fonctionne aussi pour les livres pratiques, par exemple S.J. Scott a de nombreux livres dans la niche des habitudes qui chacun s'adressent à un aspect spécifique de la création de meilleures habitudes. Les gens qui achètent un de ses livres vont probablement en acheter d'autres.

Vous pouvez continuer à faire la promotion du premier livre de la série pour faire en sorte que les gens accrochent. Cela n'a pas d'importance si le livre a été publié il y a un certain temps, car c'est toujours un nouveau livre pour quelqu'un. Une fois qu'ils l'ont découvert, à quelque moment que ce soit dans la série, ils vont certainement revenir en arrière et dévorer tout le catalogue.

Je suis sûre que vous avez fait ça en tant que lecteur vous-même. Je l'ai fait. Vous pouvez utiliser un e-book gratuit pour introduire les gens à la série, comme je le fais avec *Stone of fire*, le numéro un de ARKANE qui est gratuit sur toutes les boutiques d'e-books. C'est un avant-goût qui je l'espère amène les gens dans la série.

Vous pouvez aussi écrire plus vite si vous écrivez une série. Vous n'avez pas besoin de réinventer les personnages ou l'univers, il vous suffit de trouver une nouvelle intrigue, et cela vous aide à ajouter des livres à la liste, ce qui vous permet d'avoir plus de revenus.

5) Pensez mondial, numérique, mobile et à long terme

La plupart des auteurs ont une vue restreinte en ce qui concerne où ils veulent vendre leurs livres. Ils pensent d'abord aux librairies physiques locales, ou aux ventes nationales. Mais le monde change et (si vous détenez vos droits) vous pouvez vendre vos livres partout dans le monde.

Le plus gros marché pour les e-books est toujours les États-Unis, le Royaume-Uni, le Canada et l'Australie, mais j'ai maintenant vendu des livres dans 66 pays et mes livres sont disponibles à la vente dans 190 pays. Pour le moment les ventes dans l'Afrique subsaharienne, en Amérique du Sud et en Asie sont assez faibles, mais il y a un an ces ventes n'existaient pas. Le développement de l'économie mobile hyper connectée signifie que les lecteurs découvrent des livres grâce aux applications. Beaucoup de ces personnes ne vivent pas près d'une librairie, donc les achats en ligne seront la manière dont ils vont consommer des loisirs, de l'inspiration et de l'éducation. Vos livres peuvent être lus par des gens partout dans le monde — voilà qui devrait vous exciter !

Donc si vous vous inquiétez sur le fait que le marché américain des e-books arrive à saturation, considérez que le reste du monde a à peine commencé. Les 10 prochaines années seront particulièrement excitantes pour les ventes mondiales, et à titre personnel, je pense que ce sera une plus grande partie de mes revenus chaque année. Faites en sorte d'être positionné pour ce changement.

6) Écrivez dans différents genres et de différentes longueurs : pensez plus largement à ce que vous pouvez écrire

Ne vous limitez pas à juste un genre. Ce type de pensée en silo semble venir de l'édition traditionnelle où les auteurs avaient besoin de rester dans une marque afin que l'équipe marketing puisse vendre leurs livres plus facilement sur un rayonnage de librairie. Mais le monde des ventes en ligne est plus nuancé, et maintenant il n'y a pas de limite à ce que vous pouvez faire. Avoir des livres dans des genres différents peut aussi vous permettre de mitiger les hauts et les bas du roller-coaster des ventes. Mes livres pratiques vendent mieux certains mois, mes livres d'aventures d'autres mois et les crimes ou les livres policiers dans les mois les plus sombres de l'hiver ! J'ai vraiment l'intention de m'intéresser à plus de genres pour continuer cet effet d'élargissement.

Je trouve aussi plus facile de passer de la fiction au livre pratique durant la journée. Je ne peux habituellement pas écrire de la fiction plus de 2 heures par jour, donc je peux me « rincer le palais » en écrivant un livre pratique pendant un moment. Cela utilise une partie différente de mon cerveau et cela signifie que je peux écrire plus de livres au cours du temps.

Vous pouvez utiliser plusieurs noms d'auteur si vous voulez. Cela fonctionne bien si vous avez différentes audiences. Par exemple, j'utilise J.F. Penn pour mes thrillers et Joanna Penn pour mes livres pratiques, comme l'audience commune est très faible. Si vous écrivez des livres érotiques et des livres pour les enfants, alors utilisez différents noms est aussi une bonne idée ! Mais à part cela, il n'y a pas de règles.

En ce qui concerne la longueur, le monde numérique signifie que les lecteurs sont moins sensibles à des livres plus courts. Vous n'aurez pas un contrat d'édition traditionnelle pour un petit roman (environ 20 000 à 40 000 mots), mais vous pouvez tout à fait le vendre en tant que livre numérique. Les novellas, ou les livres pratiques plus courts comme celui que vous lisez, sont plus faciles à lire pour les lecteurs et offrent beaucoup de valeur pour un prix raisonnable. Ils sont aussi plus faciles et plus rapides à écrire.

7) Considérez l'up-sell

Il y a un prix établi pour les livres. C'est en général entre gratuit et environ 100 €, avec la plupart des prix en bas de l'échelle, en dessous de 15 €. Les gens ont pris l'habitude de dépenser uniquement ce type de montant sur les livres, malgré l'incroyable valeur des contenus.

En particulier, si vous écrivez des livres pratiques, prenez en considération comment vous pouvez remixer ce contenu en formations multimédia pour lesquelles les gens seront contents de payer plus. Les gens apprécient la vidéo et l'audio plus que le texte, donc ils vont payer plus pour le même type d'information qui est packagé d'une manière différente. En allant encore plus loin, les gens mettent plus de valeur dans le temps personnel, dans la communauté que dans les précédents, donc si vous vendez des services de conseil, des événements ou des accès à des contenus spécifiques, vous serez capables de leur vendre encore plus. Je parlerai de ces options plus dans la partie 2.

8) Faites grandir votre liste d'e-mails

Il y a tellement d'options avec le marketing, mais les auteurs qui vendent le mieux parmi ceux que je connais, ceux qui font vraiment de l'argent avec leurs livres, ceux-là font seulement deux types de choses. Ils écrivent beaucoup de livres dans des genres populaires et ils font grandir leur liste d'e-mails. Ils offrent quelque chose d'attirant gratuitement sur leur site et ils communiquent avec leurs lecteurs. Ils envoient des e-mails quand les livres sont disponibles et ils peuvent atteindre le top des listes de best-sellers grâce aux ventes à leurs fans uniquement.

Il y a plus de détails sur comment augmenter votre liste d'e-mail de votre newsletter ici [65].

Voilà tout ce que vous avez besoin de savoir si vous voulez gagner de l'argent avec vos seuls livres. Mais si vous voulez avoir des revenus d'autres secteurs, alors continuez à lire.

[65]http://www.thecreativepenn.com/2015/01/15/fiction-email-list-subscribers/

Deuxième partie : comment gagner de l'argent en ligne d'autres manières

2.1 Une activité alimentée par le marketing de contenu

Cette section se concentre essentiellement sur la création d'une activité en ligne en créant plusieurs sources de revenus, alimentée par du marketing de contenu.

Si nous sortons les livres de l'équation, quelles sont les autres sources de revenus disponibles à partir de vos écrits ?

Voici une liste de base. Nous détaillerons ces sources de revenus dans les prochains chapitres.

- Vente de produits : numérique par exemple livre, formation en ligne. Physique, par exemple T-shirts et autres marchandises.
- Vente de services : conseil, coaching, orateur professionnel, rédaction free-lance ou copywriting.
- Publicité ou sponsoring : cela peut être basé sur le trafic par exemple des vidéos YouTube ou par niche par exemple une société de vente de produits pour animaux qui sponsorise un blog qui parle d'animaux domestiques.
- Revenus affiliés : vendre les produits ou les services d'autres personnes et récupérer un pourcentage sur les ventes

Qu'est-ce que le marketing de contenu ?

Afin de faire fonctionner une activité, vous avez besoin de clients qui dépensent de l'argent pour vos produits ou services, ce qui met de l'argent dans votre poche et leur fournit de la valeur en retour. Mais comment faites-vous pour que vos clients viennent vous voir ?

Avec les livres, les consommateurs achètent déjà sur les boutiques en ligne comme Amazon, Kobo et iBooks, donc il faut que vous maximisiez vos chances d'être découvert. Si vous écrivez beaucoup de livres, alors c'est votre stratégie de marketing de contenu. Vos livres sont le contenu qui engage les gens vers vos autres livres. Mais si vous n'écrivez pas un bon volume de livres et que vous voulez augmenter vos sources de revenus, alors il faut que vous trouviez d'autres manières d'attirer les consommateurs.

Il y a de nombreuses activités en ligne qui génèrent de l'acquisition de clients avec de la publicité payée, mais mon propre business est principalement généré par le marketing de contenu.

C'est l'idée de la plate-forme auteur : à la base c'est un moyen pour vous de contacter vos clients, soit par une liste d'e-mails, un blog, un podcast ou les gens qui vous suivent sur les médias sociaux.

(Note : si vous avez besoin de créer votre propre site d'auteur, regardez ce tutoriel vidéo gratuit que j'ai fait en anglais sur comment créer votre site en moins de 30 minutes [66])

Le marketing de contenu c'est essentiellement créer du contenu de qualité qui intéresse, inspire ou éduque les gens afin d'attirer vers vous un certain marché cible. Cela peut être avec des articles écrits, des posts de blogs, de l'audio ou des podcasts, des vidéos ou des images, tous médias qui peuvent utiliser vos compétences d'écrivain.

Rappelez-vous : il est nécessaire qu'il y ait un sujet à votre contenu si vous voulez gagner de l'argent !

Trop d'auteurs passent leur temps à envoyer des choses sur internet sans avoir un plan clair en ce qui concerne ce qui doit se passer ensuite. Le but est que les gens soient attirés par votre contenu et rejoignent votre mailing-list, souscrivent, vous suivent ou disent qu'ils vous aiment où finissent par acheter vos livres, vos

[66]http://www.thecreativepenn.com/authorwebsite/

autres produits et services. Cela s'appelle le modèle freemium. Vous donnez du contenu de qualité gratuitement, les gens commencent à vous connaître, vous aimer et avoir confiance en vous et à la fin il se peut qu'ils achètent vos produits et services.

Si vous avez un site Web aujourd'hui, ouvrez-le et regardez-le comme si vous arriviez dessus pour la première fois. Y a-t-il un moyen de souscrire à votre mailing liste ? Y a-t-il un avantage clair à le faire, une attraction de valeur que les clients veulent en réalité ? Y a-t-il un lien vers une boutique ou des livres ou un bouton d'achat ? Que voulez-vous que le client fasse ensuite ?

Le second bénéfice d'une plate-forme en ligne est de construire votre autorité et votre marque en ligne, ce qui vous fournit ensuite d'autres opportunités comme des présentations, l'apparition sur les podcasts et le fait d'être vu comme leader dans votre industrie.

Mon site, thecreativepenn.com, est du marketing de contenu dirigé vers les auteurs et les écrivains. Il contient :

- des articles de textes
- des interviews audio en podcast avec les retranscriptions
- des vidéos

Ces contenus sont sur des sujets en particulier, d'habitude des formations ou des inspirations, qui fournissent beaucoup de valeur. Ils ont des titres qui ont été optimisés pour les mots-clés, et dont le contenu est clair.

J'ai démarré le blog en décembre 2008 et le podcast en mars 2009 et j'ai fourni des informations et de l'inspiration de manière récurrente tous les deux à trois jours depuis. Cela a été le moteur qui a propulsé mon activité et sans cela, il n'y a pas à douter que je n'aurais pas réussi à quitter mon boulot en 2011.

J'ai quelque chose qui est beaucoup plus petit pour mon site de fiction, jfpenn.com. J'écris des articles, je fais des vidéos sur mon processus de recherche, j'interviewe aussi d'autres auteurs de thriller à propos de leurs livres. L'objectif est de me connecter à d'autres auteurs, mais aussi de fournir un avant-goût et du contenu intéressant pour mes lecteurs.

Il ne s'agit pas seulement de l'argent. Cela peut changer votre vie !

Un blog ou podcast de nos jours et comme une plate-forme de publication mondiale. C'est votre manière à vous de vous connecter directement avec des gens qui aiment ce que vous faites et sont intéressés par votre vision de leur monde. Cela pourrait aussi être un compte Instagram, une chaîne YouTube, une page Facebook ou n'importe quel autre moyen pour vous de toucher les gens.

Mais concentrons-nous maintenant sur l'écriture puisque nous sommes des écrivains !

Le blogging donne du pouvoir parce qu'il vous donne le moyen d'amplifier votre voix, de créer quelque chose de nouveau dans le monde, de changer la vie des gens, de vous connecter avec d'autres personnes et de pourquoi pas gagner votre vie.

Je considère complètement que mon blog sur thecreativepenn.com a changé ma vie. Voilà comment il l'a fait :

Il m'a permis de développer ma voix d'auteur. Je suis passée d'une manière professionnelle de m'exprimer et d'écrire sans touche personnelle, à un style plus relâché et ouvert de communication au travers de textes, de vidéos et d'audio.

J'ai commencé à vendre mes services de conférencière professionnelle à partir du blog, mais aussi mes formations en ligne, et ce sont ces choses-là mon permis de quitter mon job. Les ventes de livres étaient un petit pourcentage de mes revenus au début et ont grandi au fur et à mesure. Le blog m'a permis de parler partout dans le monde – Bali, Suède, les États-Unis, la Nouvelle-Zélande aussi bien que partout au Royaume-Uni–grâce à mon profil en ligne dans l'univers de l'autoédition.

Mon contenu a attiré des gens qui étaient intéressés par l'autoédition, bien avant que ce mouvement devienne important, et j'ai trouvé une communauté de nouveaux amis qui ont été importants pendant ce parcours. Ces amitiés m'ont permis de me diriger dans la fiction, et m'ont directement permis de recruter un agent et aussi d'atteindre la liste des best-sellers du New York Times et de USA Today en faisant partie d'un collectif d'auteurs. Ces bénéfices intangibles se produisent naturellement lorsque l'on partage de la valeur dans sa niche et en ligne.

Le blogging m'a permis de développer ma position en tant que leader de pensée dans l'univers des auteurs indépendants. Le podcasting m'a permis d'acquérir une autre dimension et j'ai pu ajouter la voix d'autres personnes dans ce mix.

Donc le contenu est le moteur qui fait venir les gens sur votre site. Mais qu'achètent-ils une fois arrivés ?

2.2 Vente de produits

Si vous avez des livres qui sont disponibles avec un éditeur traditionnel, ou si vous êtes autoédité, il faudrait que vous ayez des pages de produits pour chacun de vos livres avec des liens vers tous les distributeurs où ils peuvent être achetés. Ces liens multiples sont importants quand vous vous rendrez compte qu'il est très difficile d'avoir du merchandising, de la mise en avant de sites comme Apple ou Kobo si vous ne faites pas de lien vers leur pages de vente.

Mais les livres ne sont pas la seule chose que vous pouvez vendre à vos clients. Voilà plus d'options pour la vente de produits.

Vente de produits numériques

Les produits numériques sont essentiellement ceux qui peuvent être téléchargés par les clients depuis une page Web, ceux qui peuvent être regardés ou consommés en ligne ou sont délivrés par e-mail. Ils ne nécessitent pas d'envoi physique ou de stockage, ce qui signifie que les marges de profits sont en général bien meilleures qu'avec des produits physiques. Par exemple il y a :

Des guides ou des ressources. Si vous vendez vos livres pratiques sur Amazon, iBooks, Kobo et les autres boutiques, votre prix sera dicté par le marché, qui généralement a un prix maximum d'environ 20 €. Vérifiez toutes les nouvelles sorties d'un auteur qui réussit et vous verrez que ce maximum s'applique aussi aux noms les plus connus. Mais vous pouvez packager votre savoir-faire dans un PDF et le vendre directement de votre site Web, en mettant le prix beaucoup plus élevé que ce que vous trouveriez sur les boutiques. De nombreuses sociétés vendent de l'information de cette manière, en les appelant guide ou méthode plutôt que livre. L'information est la même que dans un livre, mais en vendant directement, vous pouvez cibler votre marché plus spécifiquement et les gens seront contents de payer plus. Un bon exemple de ce genre de chose est Chris

Guillebeau, dont les *guides non conventionnels* se vendent pour des centaines de dollars.

Formations multimédia. Ces dernières années on a vu une croissance énorme dans les MOOC aussi – les formations en ligne massives. Vous pouvez trouver des exemples sur Udemy, Coursera, CreativeLive et MasterClass, où j'ai récemment fait la formation de James Patterson sur la narration. La popularité et la croissance de ces « formations à la demande » a été démontrée quand LinkedIn a acheté lynda.com en avril 2015, avec pour objectif d'intégrer l'apprentissage mûr et juste à temps pour les carrières à l'intérieur du réseau social professionnel le plus puissant dans le monde. Vous pouvez créer vos propres formations et les stocker sur votre site Web ou utiliser d'autres plates-formes pour les héberger. Un exemple d'une formation hébergée est celle de Nick Stephenson *Vos premiers 10 000 lecteurs* ^(http://thecreativepenn.com/10k) dont le sujet est de créer une liste e-mail et de vendre des livres. Un exemple d'une formation sur Udemy serait *Planifier et structurer avec Scrivener* par Johnny B. Truant et Sean Platt.

Quelques astuces sur les formations multimédia

J'ai créé un certain nombre de formations en ligne au cours des dernières années. Voici quelques idées qui pourraient vous aider si vous y pensez :

- Faites des recherches, des enquêtes sur ce que les gens veulent véritablement et vont acheter. Ne faites pas que créer quelque chose dont vous pensez qu'il faut avoir besoin. Si vous avez déjà une audience, faites une enquête et demandez aux gens. Si vous n'en avez pas, alors utilisez la recherche de Twitter ou d'autres outils d'écoute sociale pour savoir ce que les gens désirent.

- Choisissez le titre avec beaucoup d'attention. Si cela résonne avec les gens, ils vont les acheter. Ce principe est le même que pour les titres de livres. Le vocabulaire et le langage utilisés devraient être basés sur les avantages et pas sur les fonctionnalités, et le vocabulaire devrait refléter quelle est l'audience cible que vous recherchez véritablement.

- N'essayez pas de couvrir tout. Faites en sorte de gérer chaque information de manière à avoir quelque chose d'une taille raisonnable. Les vidéos et les audios devraient durer moins de 20 minutes.

- Faites attention au support utilisateur avant que vous ne vendiez. Une des raisons pour lesquelles j'aime écrire des livres, c'est parce que je suis libre de créer ce que je veux et de publier mon travail. Il n'y a pas de support utilisateur à part des échanges par e-mail avec des lecteurs heureux. Quand vous créez des formations, et encore plus avec votre site, il vous faudra interagir avec vos utilisateurs à propos de questions techniques et être plus disponible pour répondre à leurs questions. Faites en sorte d'être sûr de savoir comment vous allez gérer tout ça avant de commencer, car vous pourriez avoir un lancement réussi avec des milliers de personnes qui vous enverront des e-mails pour demander votre aide.

Pour plus d'astuces, regardez le guide des créateurs de Udemy [67] qui est utile même si vous voulez créer des formations à vendre sur votre propre site.

Vente de produits physiques

Au cas où ce ne serait pas évident, les produits physiques existent ! Ils ont une masse, ils prennent de la place et ils nécessitent un envoi physique.

[67] http://teach.udemy.com/course-creation/

Le produit le plus évident pour les auteurs est le livre signé. De nombreux auteurs ont une page de paiement séparée pour les livres signés et incluent un lien pour acheter par PayPal. Il faudra que vous gardiez un stock dans votre maison et ensuite les envoyer par la poste quand vous voulez l'envoyer au client. Personnellement, je pense que le temps que ça prend et que la très faible marge fait de cela plus une activité de marketing qu'une source de revenus, mais certains auteurs aiment bien le faire.

De nombreux auteurs vendent aussi du matériel promotionnel et des accessoires depuis leur site. Vous pouvez garder un stock et l'envoyer vous-même, vous pouvez utiliser des services à la demande. L'artiste de bande dessinée XKCD a des livres, des T-shirts, des autocollants et beaucoup plus de choses sur sa boutique en ligne [68]. Un exemple plus simple serait David de thepassivevoice.com [69], un blog de qualité qui parle de l'industrie de l'édition. David vend des T-shirts avec des commentaires astucieux d'indépendants [70] depuis Zazzle, qui imprime les T-shirts à la demande.

Vendre des produits physiques en ligne est un sujet énorme, si cela vous intéresse, faites vous-même votre recherche et votre évaluation. Personnellement je ne vends pas de produits physiques (pour le moment) donc le focus de ce livre sera plus sur les produits numériques.

Les options pour le paiement

C'est devenu très facile aujourd'hui de récupérer des paiements en ligne et vous n'avez pas besoin de créer un compte bancaire spécial pour le faire. Les options comprennent :

- les boutons PayPal–la solution la plus simple

[68] http://store.xkcd.com/collections/apparel
[69] http://ThePassiveVoice.com
[70] http://www.zazzle.com/dpvan1234

- Gumroad, Selz, Payhip ou e-Junkie – qui ont une livraison de produits intégrée, un partage social et des options pour payer avec des cartes de crédit aussi bien qu'avec PayPal
- WooCommerce, Shopify – des gestionnaires de boutiques plus complets à utiliser quand on a un catalogue plus gros.

Il y a plus de détails sur ces processeurs de paiement ici : comment vendre des livres et des formations directement au consommateur au client.

Un petit mot sur les règles de TVA européenne qui sont apparues le 31 décembre 2014 :

Auparavant, la TVA était comptabilisée dans le pays du vendeur. Maintenant, si vous vendez des produits numériques directement au client qui réside dans les pays européens, il faut que vous payiez la TVA dans les pays où le client réside. Cette complication bureaucratique a déclenché beaucoup de retraits de vente de certaines personnes, par exemple pour moi et ma formation en ligne. Mais de nombreuses sociétés maintenant gèrent la TVA européenne donc vous pouvez voir avec les solutions de paiement auxquels vous pensez pour voir si elles supportent ça. Pour plus d'informations, lisez cet article [71] par Rosie Slosek, comptable et cofondatrice de l'action contre la TVA européenne.

Pour ma part, je fais à nouveau des formations multimédias; mais j'utilise des services hébergés qui gèrent la problématique de la TVA européenne au lieu de vendre directement depuis mon propre site. Regardez la formation CreativeFreedom [72] qui est hébergée sur Fedora.

[71]http://onemanbandaccounting.co.uk/eu-vat-changes-2015/
[72]http://www.creativefreedomcourse.com

2.3 Revenus affiliés

Les revenus affiliés sont essentiellement des commissions sur les ventes que vous faites du produit de quelqu'un d'autre. Il y a deux manières principales pour vous d'avoir des revenus avec ce système :

- Recommander des produits et des services que vous utilisez personnellement et dont vous croyez qu'ils sont utiles pour l'audience que vous avez attirée. Vous pouvez partager cette information au travers d'articles de blog, des vidéos et des podcasts avec des liens affiliés vers les produits.
- Trouver des produits pour une audience cible niche et ensuite acheter du trafic pour envoyer vers les pages de vente. Cela ne nécessite pas d'avoir créé une audience en avance, mais cela nécessite par contre d'avoir une connaissance précise des moyens de faire de la publicité payante.

Cette dernière stratégie est une stratégie à long terme qui est différente de celle que j'utilise personnellement. Je recommande seulement des choses dont je pense qu'elles pourront être utiles. Toutefois le mécanisme de trafic payé peut être fait de manière totalement éthique, particulièrement si le produit est de bonne qualité et utile à l'audience cible.

Comment devenir un affilié ?

Pour de nombreux sites et produits, vous pouvez vous enregistrer tout seul et vous êtes automatiquement approuvés.

Partenariat Amazon. Pour à peu près tout ce qui se vend sur Amazon. Si vous avez des liens vers vos livres sur votre site Web c'est une bonne manière de commencer avec le marketing affilié et vous recevrez un petit peu d'argent en plus si les gens utilisent votre lien pour aller acheter vos livres, et aussi un pourcentage sur les autres produits que les personnes achètent dans les 24 heures qui suivent leur navigation. Vous pouvez utiliser votre propre compte Amazon puis trouver vos livres, copier le lien spécial et utiliser ensuite cela sur votre site. Vous pouvez aussi utiliser un site comme booklinker.net pour créer un lien qui fonctionne pour tous les sites et contient tous les liens affiliés.

Programme de partenariat Apple. Pour les applications, les livres, la musique, etc. qui sont vendus sur iTunes, iBooks et les absences. À nouveau si vous faites des liens de vos livres sur iBooks, vous devriez aussi utiliser des liens affiliés.

E-Junkie.com ou Clickbank.com ou Udemy.com et leurs places de marché pour les formations multimédias.

Les autres produits sont en général uniquement sur invitation, des invitations qui sont basées sur les relations dans la niche qui vous intéresse. Il est plus probable que vous serez approchés si vous avez un trafic qui est important sur un blog ou un podcast, une audience niche que les gens veulent toucher et/ou une liste e-mail substantielle.

Astuces pour les ventes affiliées

Écrivez un article de blog ou faites un podcast ou une vidéo qui souligne les choses les plus intéressantes à propos du produit ou du service que vous recommandez. Par exemple, j'ai fait une interview avec Jim Cochran à propos du club marketing auteur [73] qui est un outil qui aide les auteurs à obtenir des commentaires de manière plus facile, sauvant ainsi du temps et de l'énergie. C'est une interview utile et un grand service.

Faites un webinar gratuit avec le créateur du produit. Les webinaires sont des événements en ligne qui sont gratuits avec des replays qui sont disponibles pour plusieurs jours après

[73] http://bit.ly/14yzSPt

l'événement live. Donnez beaucoup d'informations utiles que les personnes qui regardent peuvent utiliser pour répondre à un problème spécifique puis faites la vente du produit avec une offre spéciale à la fin. Les webinaires comprennent de la vidéo, alors que les télés séminaires ne sont que de l'audio. Les deux options sont très populaires et généralement donnent de bons pics de vente. Je fais des webinaires avec Joseph Michael de *Apprenez Scrivener vite* tous les trois ou quatre mois. Nous faisons un webinaire de 90 minutes qui est utile, avec plein d'astuces directement utilisables, et nous vendons aussi la formation, formation sur un produit que j'utilise tout le temps pour mes propres rédactions.

Incluez votre lien d'affilié dans votre autorépondeur d'e-mail avec des astuces utiles et/ou des vidéos décrivant comment cela a été utile pour vous. Voici par exemple une vidéo d'astuces d'écriture [74] qui contient un lien vers apprenez Scrivener vite.

Créez un tutoriel vidéo afin que les gens puissent comprendre comment utiliser le produit que vous recommandez. Un exemple est mon propre tutoriel gratuit sur comment créer votre site Web d'auteur en moins de 30 minutes.

Créer une page outils ou ressources sur votre site avec des liens vers tout ce que vous utilisez afin que les gens puissent tout trouver à un seul endroit. Voici le lien vers ma page d'outils comme exemple.

Mon astuce la plus importante est d'être éthique.

Il y a plein de marketeurs d'affiliation qui ne se préoccupent pas beaucoup de la réputation, mais pour moi, la confiance et la réputation sont bien plus importantes que le fait de gagner l'argent facilement.

[74] http://thecreativepenn.com/writing-tips/

2.4 Le conseil et le coaching

Si vous créez régulièrement du contenu sur un sujet qui éduque, inspire ou amuse les gens, vous allez attirer des gens qui veulent vous payer pour votre expertise en personne. Un des moyens les plus faciles de gagner de l'argent en ligne rapidement est d'offrir vos services. Vous n'avez pas besoin d'écrire un livre ou d'avoir des compétences en vidéo ou en audio. Vous faites juste une page avec un bouton engagez-moi, ou travaillez avec moi et ensuite vous incluez ce que vous offrez et un bouton pour acheter maintenant ou des instructions pour envoyer l'argent vers vous par PayPal.

Voici quelques astuces pour le coaching et les services de conseil en ligne qui sont basées sur ma propre expérience :

Soyez clair sur ce que vous offrez. Sur la page de vente, faites la liste de ce que la session de coaching va inclure et comment fonctionne le paiement. Je fais du conseil, pas du coaching – la différence est que je vais faire une seule action, travaillant sur votre problème et ensuite je vais vous indiquer ce que vous allez devoir faire comme travail. Je ne vais pas vous tenir la main dans le processus, comme le ferait un coach. Mon tarif est pour une heure de consultation plus du travail de préparation, alors qu'un coach aura un package pour des discussions récurrentes et du support. Voici ma page de conseil [75] pour référence, et vous êtes invités à utiliser ça comme modèle sur tous les aspects qui résonnent avec vous. Voici un exemple d'une page de coaching [76] de mon ami Marc McGuinness.

Incluez des témoignages sur votre page de vente. Travaillez gratuitement avec vos premiers clients et obtenez des témoignages de clients heureux comme preuve sociale que vous savez de quoi vous parlez. Si vous offrez une super valeur, vous aurez aussi des recommandations par le bouche-à-oreille au cours du temps.

[75] http://www.thecreativepenn.com/consulting/

[76] http://lateralaction.com/coaching/

Si vous êtes submergés de travail, augmentez vos tarifs. J'ai commencé avec un taux horaire assez bas il y a plusieurs années, mais cela commençait à faire trop de travail. Au fur et à mesure que j'ai augmenté mes tarifs, la demande a baissé. Quand je ne veux pas de nouveaux clients, j'enlève aussi la page de liens vers le conseil de la page de mon site, complètement ! C'est aussi un moyen de vous assurer que vous aurez une qualité de clients qui sont engagés à faire le travail que cela demande.

Utilisez un questionnaire et faites en sorte que le client articule et réfléchisse à ce qu'ils veulent avant la session. Après le paiement, j'envoie au client un questionnaire et j'utilise ça pour préparer la session. Il est important de savoir ce qu'ils veulent et comment leur fournir de la valeur, bien qu'il soit aussi utile et avisé de remettre en question les a priori que l'on trouve dans leur demande. Ne soyez pas effrayé de refuser un client s'il ne correspond pas à votre expertise. Recommandez d'autres personnes dans la niche qui pourront mieux convenir à leur problématique.

Utilisez Skype et l'enregistrement pour une expérience avec de la valeur ajoutée. Je fais mes conseils sur Skype en vidéo. Cela apporte un aspect personnel à l'appel, et parfois il faut le langage du corps et la vision de ce langage du corps pour véritablement comprendre ce qui se passe avec certaines personnes. Vous pouvez aussi établir une véritable relation avec cette personne. J'utilise eCamm Call Recorder [77] pour Mac, ou vous pouvez utiliser Pamela pour PC [78] pour enregistrer l'appel. Ils sont tous les deux à des tarifs raisonnables et vous pouvez envoyer au client un enregistrement de l'appel après, en plus de notes supplémentaires.

Que pouvez-vous offrir en termes de coaching, de conseil ou d'autres services ?

[77] http://www.ecamm.com/mac/callrecorder/

[78] http://www.pamela.biz/en/products/

2.5 Présenter des conférences

Si vous produisez régulièrement du contenu de qualité sur un sujet qui éduque, qui inspire ou qui apporte des loisirs, il est aussi probable que l'on vous demandera de faire des présentations à des conférences.

J'ai fait un effort conscient pour me préparer au discours professionnel quand j'ai écrit mon premier livre pratique et cela continue à être une partie importante de mon activité. La plupart de mes opportunités de discours arrivent aujourd'hui grâce à mes livres, mon blog et mon podcast.

Je sais que tout le monde ne veut pas faire de présentation, mais si vous passez beaucoup de temps à écrire tout seul, cela peut être une bonne manière de sortir de la maison et de créer des connexions, aussi bien que de répandre votre marque – en plus, cela peut très bien payer.

Voilà quelques-unes de mes astuces principales sur les présentations professionnelles.

Décidez de votre audience cible et de ce dont vous parlerez. Si vous avez déjà un livre, le sujet se suggérera de lui-même et vous pouvez ensuite considérer les possibilités. Vous pouvez aussi décider de votre marché cible et ensuite préparer une présentation ou écrire un livre qui atteindra ce marché.

Présentez-vous comme un conférencier. Ajoutez-le à votre carte de visite et créez une page sur les présentations professionnelles sur votre site Web. Cela devrait inclure ce sur quoi vous parlez et comment vous pouvez être contacté, et aussi des témoignages et les événements auxquelles vous allez apparaître. Voici ma page de conférencière [79] comme exemple.

Commencez par faire des présentations gratuitement et à acquérir de l'expérience en même temps que des témoignages. Vous pouvez démarrer petit et grandir au cours du temps. Mon

[79] http://www.thecreativepenn.com/speaking/

premier événement était en 2008 avec un groupe d'auteurs à Brisbane en Australie, où j'ai partagé mon histoire sur l'autoédition pour la première fois. En 2015 j'ai fait la présentation principale à une conférence sur l'édition à une salle de bal pleine de plusieurs centaines de personnes. Cela nécessite du temps et de la persistance, comme tout ce qui est intéressant à faire !

Faites en sorte d'être payé. Si vous voulez gagner de l'argent de vos discours, alors il faudra fixer vos tarifs après avoir parlé gratuitement pendant un certain temps. J'adore partager ma passion, mais j'ai appris une chose importante : le niveau de votre rémunération en tant que conférencier sera déterminé par l'audience à laquelle vous parlez. Évidemment, la présentation générale à des conférences professionnelles sur le leadership paiera mieux que de parler à un groupe d'auteurs sur l'autoédition.

Comprenez et gérez votre anxiété. La vérité c'est que la plupart des présentateurs sont nerveux d'une certaine manière, spécifiquement si vous continuez à essayer de nouvelles expériences qui sont en dehors de votre zone de confort. Par exemple, je peux faire un atelier d'une journée entière avec 30 personnes et ne pas être nerveuse. Je peux faire une présentation principale à une conférence de plusieurs centaines de personnes et cela ne posera pas de problème. Mais demandez-moi de lire un de mes romans devant n'importe quel groupe de personnes et je serai malade d'anxiété. Je sais d'où vient mon anxiété, et je l'accepte. J'ai mes rituels pour gérer ma nervosité et vous aurez besoin de les développer vous aussi.

Suivez une formation et rejoignez une organisation professionnelle si vous voulez faire ça à un niveau professionnel. ToastMaster est parfait pour apprendre les basiques mais si vous voulez être un présentateur payé, alors allez voir l'association nationale des présentateurs aux États-Unis, le PSA au Royaume-Uni ou une autre des organisations affiliées de la fédération mondiale des présentateurs [80].

[80] http://www.globalspeakers.net/

Il y a beaucoup plus de détails concernant l'état d'esprit et les aspects pratiques des présentations dans mon livre, *Présentation en public pour les auteurs, les créatifs et les autres introvertis* [81].

[81] http://www.thecreativepenn.com/speakingbook/

2.6 Publicité et sponsoring

Si vous avez une audience, il est probable que les gens voudront faire des publicités sur votre site ou sponsoriser votre contenu de manière régulière.

Cela pourrait comprendre :

- Publicité payante ou publicité bannière sur le côté de votre site, une mention dans votre newsletter ou dans une vidéo ou dans un podcast.
- Articles promotionnels payés ou articles de blog ou vidéos présentant un produit ou un service.
- Publicité sur YouTube – c'est plus de la publicité passive en ce que vous démarrez les publicités et vous décidez quand elle se joue, mais vous n'avez pas le loisir de choisir les publicités elle-même.
- Sponsoring récurrent d'une compagnie, ce qui implique une relation à long terme plutôt qu'une publicité une fois. Par exemple, en ce moment mon podcast est sponsorisé pour l'hébergement et la transcription par Kobo writing Life et 99designs, ces deux ont payé pour de la publicité audio pour toute une année.
- Sponsoring récurrent de votre communauté. Cela peut être la plus intéressante des récompenses, car cela vient de votre communauté. Le temps que je passe à la création du podcast thecreativepenn.com est sponsorisé par mes auditeurs sur Patreon [82]. Vous créez un profil et un niveau de sponsoring — la plupart des gens paient entre un et cinq dollars par émission — et ensuite l'argent est collecté et vous est envoyé par PayPal mensuellement.

[82]http://www.patreon.com/thecreativepenn

La principale chose à se souvenir concernant la publicité c'est que vous êtes payés pour l'accès à la communauté que vous avez créée au cours du temps. Votre audience a confiance en vous, donc ne faites rien pour mettre en danger cette confiance.

Au cours des années, j'ai été approchée par des sociétés qui ont offert de me payer beaucoup d'argent pour des prospects, mais éthiquement il n'y a aucune chance que je voudrais les recommander. Dans mon opinion, votre réputation et votre éthique sont plus importants que l'argent. Il faut que vous respectiez votre audience plus que tout.

Si vous voulez gagner de l'argent avec la publicité et le sponsoring :

Développez une audience de niche et ayez une manière régulière de communiquer avec elle. Cela pourrait être une chaîne YouTube, un blog texte, un podcast ou même une page Facebook, un compte Twitter ou une chaîne Instagram.

Mesurez la taille de votre audience et ayez les statistiques prêtes pour les partager avec les sociétés qui pourraient vous approcher, ou le partager en présentant ces chiffres aux sociétés que vous approchez vous-même. Cela pourrait être Google Analytics pour votre trafic de blog, et votre société d'hébergement pour le podcast.

Décidez de vos tarifs. C'est difficile de savoir combien il faudrait vous fassiez payer pour la publicité, mais ce sera basé sur la taille de votre audience ainsi qu'elle est mesurée par le trafic, les écoutes ou les vues, combien de temps le sponsoring dure et votre confiance pour demander ce tarif. Cet article par Yaro Starak [83] vous parle des tarifs de publicité pour un blog. Cet article par l'entrepreneur de podcasts John Lee Dumas [84] parle des décisions à prendre pour les tarifs sur les podcasts. Augmentez vos tarifs au fur et à mesure que votre audience

[83]http://www.entrepreneurs-journey.com/10201/how-much-should-you-charge-for-advertising-on-your-blog/

[84]http://www.entrepreneuronfire.com/podcast-sponsorships/

augmente et ne faites pas en sorte de bloquer vos sponsors pour trop de temps.

Travaillez seulement avec des sociétés qui correspondent à votre audience et que vous êtes heureux d'avoir comme partenaire. Cela protégera votre réputation, cela gardera votre audience heureuse et ça signifie aussi que l'annonceur pourra continuer à vous payer les tarifs puisque la publicité sera vraiment efficace.

Cela a été une source de revenus assez petite et raisonnable pour moi, mais avec la croissance exponentielle du podcasting et la taille de mon audience, j'ai l'intention de faire plus avec ça après que ma période actuelle de sponsoring se termine. Cela peut être une bonne source de revenus si vous avez la bonne audience et le bon sponsoring qui va avec.

2.7 Écriture en free-lance

Écrire en free-lance est essentiellement écrire à la commande. Cela peut être pour les sites Web d'autres personnes, des magazines, des journaux ou des livres. Vous êtes payés au nombre de mots et en général vous ne détenez pas les droits du produit fini. Ce type de revenus ne peut pas être multiplié, c'est-à-dire que vous ne pouvez gagner cet argent qu'une seule fois, mais c'est une bonne manière d'ajouter une source de revenus.

J'ai fait juste un petit peu d'écriture en free-lance et cela s'est produit à cause de mon profil en ligne. Mon revenu non multipliable principal est en tant que conférencière professionnelle et mon objectif est d'avoir 80 % de revenus qui peuvent être multipliés et seulement 20 % de revenus non multipliables.

Écrire en free-lance est une façon évidente de gagner de l'argent pour les écrivains, mais souvenez-vous, il faut que vous vous concentriez sur la création de vos propres actifs, l'écriture de beaucoup de vos propres livres et la création de votre propre marque. Faites en sorte d'équilibrer votre temps entre le fait d'écrire pour les autres et le fait d'écrire pour vous-même.

Voici des astuces pour écrire en free-lance basé sur des discussions avec des amis qui gagnent des revenus raisonnables de cette activité.

Écrire en free-lance c'est beaucoup de travail et si vous finissez par faire le type de travail basique qui consiste à écrire pour des producteurs de contenus à des petits tarifs, vous allez vous brûler les ailes et détester l'écriture. Donc, faites vos recherches sur les meilleurs moyens de gagner des sommes raisonnables, apprenez des freelancers qui ont du succès, faites un plan et ensuite ciblez les opportunités qui rapportent le plus. Ne soyez candidats que pour les emplois qui correspondent à votre situation idéale.

Travaillez de manière plus intelligente, pas de manière plus intensive. Écrire sur les sujets les plus difficiles et en profondeur vous permettra de gagner plus d'argent qu'uniquement en suivant votre muse. Trouvez un ou deux plus gros contrats pour l'écriture réguliers sera plus facile que de travailler pour de nombreux contrats individuels. Bien écouter ce que veut le client et ensuite livrer exactement ce qu'il veut semble évident, mais de très nombreux écrivain ou auteurs ne font pas ça.

Gardez une trace précise de vos livraisons, des factures et des paiements et soyez clair sur les conditions de règlement. Si vous travaillez pour beaucoup de personnes à la fois, il est très important de vérifier que l'argent est bien arrivé quand il doit et de faire le suivi attendu.

Il y a plein d'écrivains free-lance qui gagnent des sommes intéressantes, donc ne sous-évaluez pas vos compétences. Ne partez pas dans une course vers le moins-disant, en proposant vos services pour moins cher que d'autres personnes sur des sites comme ELancer. Essayez de vous différencier afin d'être noté pour la qualité et de démontrer que vous valez les sommes qui vous sont payées. Bien sûr, si vous démarrez tout juste, il se peut que vous fassiez un petit peu de travail gratuitement pour avoir les premiers crédits et la première réputation. Faites en sorte de ne pas laisser cette période durer trop longtemps !

Le fait d'avoir un blog avec des exemples de ce que vous avez écrit, qui démontre votre expertise dans une niche peut attirer des clients qui vont vers vous, plutôt que d'avoir à leur chasser après. Vous avez au moins besoin d'un site avec un aspect professionnel qui contient des informations sur vous, et potentiellement vos compétences et vos tarifs.

Le relationnel est très important, aussi bien avec des éditeurs dans les sociétés qui s'occupent d'édition, mais aussi avec les autres free-lancers. Dites-vous que vos connexions sont comme un karma social, recommandez des contrats à d'autres personnes et il est probable que vous aurez des recommandations en retour.

Plus de ressources

- 71 manières de gagner l'argent en tant qu'écrivain free-lance [85]. Un guide fantastique de deux like Life sur les opportunités qui payent en free lance avec des tarifs définis.
- The Write Life [86] : aide les écrivains à créer, se connecter et gagner l'argent.
- Gagner de l'argent en écrivant [87]. De l'aide pratique pour les écrivains qui ont faim. Dirigé par la fantastique Carole Tice

[85]http://bit.ly/1IViM3X
[86]http://thewritelife.com/
[87]http://www.makealivingwriting.com/

2.8 Astuces pour le marketing de contenu

Dans cette section, j'ai parlé de manières de gagner de l'argent en attirant les gens à vous grâce au marketing de contenu. En fournissant de l'éducation, de l'inspiration ou des loisirs gratuitement afin que des gens viennent acheter vos livres, vos produits et vos services. Vous pouvez utiliser vos écrits comme du contenu pour attirer des clients et cela vous coûte du temps, pas de l'argent.

Il y a plein de manières d'attirer des clients avec de la publicité payante, mais elles dépassent le sujet de ce livre, car je préfère me concentrer sur le marketing de contenu. Voici quelques-unes de mes astuces principales basées sur mes six années de blogging, podcasting, vidéos et médias sociaux.

Comprenez pourquoi vous faites ce que vous faites

De nombreuses personnes vont démarrer un blog, un podcast, une chaîne vidéo ou un compte sur un média social et se poseront la question ensuite de comment ils peuvent le « monétiser ». Si vous commencez en vous posant les questions suivantes, cela vous aidera plus tard : qui voulez-vous attirer ? Comment voulez-vous donner des informations, les inspirer, ou donner des loisirs ? Que voulez-vous qu'ils fassent ensuite – s'inscrire à votre mailing liste ou acheter un produit ? Comment est-ce que cela contribue à votre objectif de gagner votre vie ou à vos autres définitions du succès ? Est-ce que ça vaut le coup ?

Copiez des meilleurs

C'est comme ça que tout le monde démarre ! Inscrivez-vous aux blogs, podcasts, vidéos que vous aimez, décidez quel style et quel sujet vous aimez, demandez-vous comment ils intéressent une audience, comment ils vendent quelque chose et gagnent de l'argent, est-ce que vous aimez ou n'aimez pas ce qu'ils font ? Ensuite demandez-vous comment tout cela correspond avec ce que vous faites ? Écrivez vos idées et faites en sorte d'avoir de nouvelles idées à partir de là.

Si vous êtes sérieux, vous devez posséder votre propre site

La plupart des gens commencent avec un site gratuit, comme wordpress.com ou blogger.com, mais vous allez vite commencer à rencontrer des problèmes avec ça en ce qui concerne ce que vous pouvez faire, et ce que vous ne pouvez pas faire. Aussi, ils sont gratuits et en définitive en dehors de votre contrôle et peuvent être effacés. La même chose s'applique si vous construisez votre plate-forme sur Facebook ou sur d'autres sites dont vous n'avez pas la propriété. Les choses peuvent changer et le jour où elles changeront, vous ne pourrez rien faire pour changer cela.

Mais créer votre propre site est facile et ne coûte pas cher de nos jours. Voici ma vidéo tutoriel [88] avec des notes étape par étape sur comment vous pouvez créer votre propre site en moins de 30 minutes.

Faites un design pour le mobile et facile à comprendre

Faites en sorte d'être sûr que vous avez un thème qui est optimisé pour le mobile pour votre site, car Google pénalise maintenant les sites Web dans leur moteur de recherche s'ils ne sont pas optimisés. Pour que votre site soit facile à lire, utilisez beaucoup d'espaces blancs et des sous-titres dans vos articles.

[88] http://www.thecreativepenn.com/authorwebsite/

Créez votre mailing liste

Donnez quelque chose qui a de la valeur et que les gens voudront, qu'il s'agisse d'un livre gratuit ou d'une série de vidéos. Puis communiquez avec votre liste régulièrement avec de l'information, de l'inspiration ou des choses marrantes qui correspondent à votre marque. Si vous pouvez construire une liste de personnes qui ouvrent vos e-mails et aiment entendent parler de vous, alors vous pouvez vraiment gagner de l'argent de cette manière. Si vous voulez plus de détails là-dessus, je recommande la série gratuite de vidéos de Nick Stephenson *Vos 10 000 premiers lecteurs* [89], et sa formation.

Créez d'excellents contenus

Il y a assez de cochonneries sur internet, donc faites en sorte que votre contenu soit authentique et véritable. Il n'est pas nécessaire que ce soit un sujet original, mais il faut que ce soit votre propre manière de penser. Il y a aussi des créateurs de contenus qui mettent de nouvelles choses chaque jour, mais il y a des gens qui écrivent des articles longs et touffus sporadiquement et réussissent très bien de cette manière.

Soyez personnel et authentique

Partagez votre personnalité et votre histoire. Plus que tout, les gens aiment les connexions et je me suis rendu compte que plus je suis personnelle, plus ce que je dis résonne avec les gens. À partir d'une perspective de lecteur, au cours des années je me suis désinscrite de blogs, de podcasts sans réelle personnalité. Ceux avec lesquels je suis resté, les personnes dont je précommande les livres et que je supporte sont ceux dont j'ai l'impression que je les connais. C'est le modèle que j'essaie d'utiliser moi aussi, en partageant mes échecs aussi bien que les succès.

[89] http://thecreativepenn.com/10k

Créez du contenu dans votre niche

Cela peut sembler complètement antinomique avec le point précédemment fait ! Je vois ça comme un partage authentique, mais dans les limites de ce pourquoi votre audience est là. Donc bien que mon site thecreativepenn.com, soit vraiment sur moi dans mon parcours en tant qu'écrivain, je ne partage pas tout sur ma vie. Je n'utilise pas le nom de mon mari, je ne parle pas de perte de poids ou de ma famille. Je garde le site centré sur l'écriture, la créativité, l'édition, le marketing de livre et l'entrepreneuriat, car c'est ma promesse pour l'audience sous cette marque. Sur mon site de fiction, jfpenn.com, je ne parle pas d'édition ou de marketing de livres, car les lecteurs ne s'intéressent pas à ces sujets. À la place, j'interviewe d'autres auteurs de thriller et je partage mes recherches pour mes livres.

Équilibrez la consommation et la création afin de ne pas vous retrouver à court d'idées

Quand vous lisez un livre, écrivez un commentaire, ou un article sur les leçons apprises de cette expérience. Allez dans une galerie d'art et écrivez quelque chose à ce propos. Il faut que vous consommiez afin de remplir le puits de votre créativité avec de nouvelles idées, mais il faut aussi que vous créiez ou vous n'aurez rien à vendre ou à partager en ligne.

Comprenez que le copywriting n'est pas la même chose que l'écriture de livres

Si vous êtes un très bon auteur de fiction, cela ne veut pas dire que vous serez un fantastique blogueur dès le début. L'intérêt du copywriting c'est de faire en sorte que les gens agissent, alors que l'écriture de livres repose généralement sur le fait que le lecteur consomme passivement. Vous devez comprendre la psychologie de l'attention des gens, comment ils peuvent scanner pour ce qui les intéresse, comment les accroches et les titres fonctionnent et bien d'autres choses encore. Je recommande copyblogger [90] pour de plus amples informations à ce sujet.

Créez des liens sans vergogne vers les autres et partagez votre trafic

La générosité et le karma social nourrissent le monde en ligne, tout du moins dans mon expérience ! Il s'agit de partager et de créer des liens vers les uns et les autres à l'intérieur des articles de blog et dans les médias sociaux. Cela permet des connexions plus fortes entre des personnes qui sont vos pairs et qui peuvent aussi vous citer en retour. Cela vous donne aussi de la crédibilité comme une bonne source d'information privilégiée. C'est essentiellement de cette manière que j'ai utilisé Twitter pendant des années, avec 80 % de mes tweets qui partageaient le contenu d'autres personnes.

Utilisez des images et des médias visuels

Internet est un espace très occupé avec plein d'options pour réclamer et obtenir l'attention des gens, mais une image forte permet de passer au-dessus du bruit. J'utilise principalement des images Flickr Creative Commons et je conseille aussi d'utiliser canvas.com pour créer des graphiques superbes pour votre site Web et pour les médias sociaux qui feront que votre contenu est plus partageable. Les vidéos peuvent aller encore plus loin, en amenant vos mots à la vie avec votre sourire et votre personnalité. Les gens se connectent aux gens après tout.

[90]http://www.copyblogger.com/copywriting-101/

Commenter ou ne pas commenter ?

Le nombre de commentaires sur un post était auparavant une forte mesure de l'engagement, mais avec l'augmentation des médias sociaux, la conversation peut survenir ailleurs. Par exemple, YouTube utilise Google+ pour les commentaires et je suis plus susceptible de partager des articles et faire des commentaires sur Twitter que sur un blog. J'ai toujours des commentaires sur thecreativepenn.com, mais je les ai éteints sur jfpenn.com;

Laissez les choses partir si ça ne marche pas

J'ai démarré 5 blogs différents au cours des six dernières années et maintenant je n'en garde que deux : thecreativepenn.com et jfpenn.com. Les autres ont duré 3 à 6 mois et je les ai abandonnés, car je n'avais plus de contenu et je n'avais pas assez de passion sur les sujets en question pour continuer à écrire. De multiples blogs peuvent prendre énormément de temps, si bien que je ne recommande qu'un site pour des contenus réguliers si vous avez une audience qui est clairement définie et séparée. J'ai un site pour les écrivains et un site pour mes fans de thriller, et c'est assez pour moi.

Donnez-lui du temps !

Cela m'a pris quatre mois de blog avec des articles tous les deux jours sur Creative Penn en 2009 avant de voir du trafic ou des commentaires, et au moins six mois avant que je ressente que c'était un blog avec des choses que je voulais dire. Mais en 2010, ce site a été nominé parmi les 30 blogs à regarder par ProBlogger et depuis chaque année depuis 2012, il a été parmi les meilleurs sites pour les écrivains et les autoédités. Le temps que vous passez sur un marché et l'homogénéité de ce que vous dites sont critiques, qu'il s'agisse d'écrire vos livres ou de bloguer, de faire des vidéos ou de podcaster. Plus vous y passez du temps, plus il y a d'effet composé et meilleurs sont les résultats.

C'est juste un début, mais si vous voulez plus de choses sur le marketing, allez lire mon autre livre sur le sujet, *Comment publier un livre* [91], disponible en papier et en édition numérique.

[91] http://commentpublierunlivre.com

La transition et vos prochaines étapes

Ce livre vous a donné beaucoup d'options pour gagner votre vie en écrivant, mais maintenant c'est à votre tour.

Voilà comment vous pouvez faire le changement afin de gagner votre vie en écrivant par des étapes gérables successives. Rappelez-vous, vous pouvez aussi télécharger le manuel d'accompagnement ici [92] pour écrire vos réponses.

1) Commencez à écrire régulièrement pour le public

Il ne s'agit pas de faire un journal et ce n'est pas que de l'écriture pour le fun. Il s'agit d'écrire des choses que les gens vont vraiment lire. Cela pourrait être un blog régulier sur votre site Web, l'utilisation de Wattpad pour poster des chapitres, des posts en invité sur un site blog ou l'écriture d'un livre pour le publier et pour le donner à un éditeur.

Définissez des délais et ensuite publiez véritablement vos écrits. Il faut que vous vous habituiez à être lu. Oui, cela fait peur à chacun d'entre nous. Il faut que vous dépassiez cette peur si vous voulez gagner votre vie de cette manière.

En faisant ainsi vous vous prouverez à vous-même que vous pouvez écrire en vous fixant des objectifs, que les gens liront ce que vous écrivez et que vous pouvez accepter le retour. Vous commencerez à développer votre voix, vous serez plus relaxés sur le partage et vous apprendrez en faisant.

[92] http://www.thecreativepenn.com/makealiving-download/

2) Choisissez quel sera le sujet sur lequel vous vous concentrerez et trouvez des exemples de personnes à suivre

Avant de vous lancer, passez véritablement du temps à choisir votre définition du succès, ce que vous voulez créer et comment vous voulez gagner de l'argent avec vos écrits. Trouvez des gens qui gagnent de l'argent en faisant exactement ce que vous voulez faire et allez plus loin pour voir comment ça fonctionne pour eux. Je suis juste un exemple, mais il y en a de nombreux autres que vous pouvez suivre comme modèle.

- Si vous voulez écrire beaucoup de livres de romance, allez voir Bella Andre, Barbara Freethy, Liliana Hart ou H.M. Ward

- Si vous voulez écrire des livres pratiques et faire des conférences, allez voir Michael Hyatt ou Sally Hogshead

- Si vous voulez gagner de l'argent en faisant des podcasts, allez voir John Lee Dumas

- Si vous voulez gagner de l'argent en écrivant en free-lance, allez voir Carole Tice.

Vous trouverez vos propres modèles en ligne et la plupart auront des blogs ou écriront dans des forums ou répondront à des questions par e-mail. Lisez ce qu'ils ont déjà écrit. Achetez leurs livres et leurs formations. Respectez leur temps et ne posez que des questions intelligentes après que vous ayez lu tous les contenus déjà produits.

N'écoutez pas les gens qui ne gagnent pas leur vie de la manière dont vous voulez. Cela me rend folle quand quelqu'un dit à des auteurs « Il faut que vous fassiez un blog que vous utilisiez Twitter ou que vous fassiez des présentations ». En fait la chose que vous avez besoin de faire est écrire ! L'équilibre pour tout le reste sera déterminé par la manière dont vous voulez gagner votre vie.

3) Préparez quelque chose à vendre, et vendez-le !

Cela pourrait être un e-book ou une formation ou la vente de vos propres services, n'importe quoi pour vous prouver que vous pouvez gagner de l'argent en écrivant. Vos premiers 10 € changeront votre état d'esprit et vous prouveront que vous pouvez vendre. Encore une fois, vous apprendrez **en pratiquant** et votre confiance grandira parce que vous découvrirez que vous pouvez gagner de l'argent d'autres manières.

Utilisez les options dans la partie I et la partie II pour des idées sur ce par quoi vous pouvez commencer. Puis fixez-vous une échéance à partir de laquelle vous aurez quelque chose à vendre. C'est important, car de très nombreuses personnes ne finissent pas ce qu'elles veulent, car elles l'oublient ou ne mettent pas une échéance et un planning pour réussir. Étirez-vous, annulez vos autres projets et concentrez-vous.

4) Faites grandir votre audience

Faites grandir votre mailing-list au cours du temps afin que vous ayez des gens qui sont intéressés par ce que vous créez. Afin de faire cela, vous aurez besoin d'un site Web professionnel et d'un moyen de capturer des e-mails comme Aweber (que j'utilise) ou Mailchimp. Encore des choses à apprendre ! C'est important sur le long terme d'avoir une liste de personnes qui sont prêtes à acheter. Sinon comment allez-vous garantir vos revenus dans le futur ?

Une fois que vous avez ces éléments de base en place, vous êtes prêts pour grandir.

5) Augmentez le nombre de produits que vous vendez

Une fois que vous avez prouvé le concept, vous pouvez maintenant étendre ce que vous vendez. Cela pourrait être plus de livres, plus de formations, des produits audio ou des présentations ou peut-être l'ajout de marketing d'affiliation. Vous découvrirez qu'une fois que vous gagnez 100 € avec ces méthodes, vous serez capables d'envisager de gagner 1000 € et ensuite 10 000 € de la même manière.

6) Faites un plan pour transférer vos revenus vers l'écriture à temps plein

Je ne vous recommande pas de quitter votre job du jour demain et d'essayer de gagner votre vie immédiatement avec vos écrits. C'est plus une courbe d'apprentissage longue pour la plupart d'entre nous.

Commencez en prévoyant de remplacer 10 % de vos revenus mensuels avec vos écrits. Écrivez à quoi cela correspond pour vous.

Maintenant, faites la somme.

Si vous gagnez deux euros de revenus de la vente d'un livre autoédité, combien de livres devez-vous vendre par mois pour atteindre votre objectif ? Le nombre peut-être trop important si vous avez un seul livre, mais qu'en est-il si vous avez trois ou cinq livres ?

Si vous envisagez d'autres sources de revenus, alors faites le même type d'exercice pour cela. Par exemple, si vous avez un podcast qui vous fait gagner 200 € par épisode en sponsoring, combien d'épisodes avez-vous besoin de faire pour atteindre vos objectifs de revenus ? Combien d'auditeurs avez-vous besoin pour attirer ce type de sponsoring ?

Une fois que vous avez 10 %, vous pouvez ensuite faire un plan sur la progression. Quand j'ai atteint ce point, j'ai pris la décision de passer à quatre jours de travail par semaine afin d'être capable d'amener mon activité d'auteur au niveau supérieur. Cela m'a pris pratiquement quatre ans en travaillant à temps partiel pour augmenter mes revenus assez pour quitter mon activité traditionnelle en septembre 2011. C'était il y a longtemps !

7) Arrêtez de procrastiner et agissez

J'ai reçu un e-mail l'autre jour d'une personne que j'ai rencontrée alors que je vivais en Australie. Nous avions toutes les deux fait « l'année du roman » formation à la bibliothèque du Queensland dans Brisbane en 2010. Je travaillais alors sur *Stone of Fire*, titré Pentecôte à l'époque, et elle travaillait sur son premier roman. Dans l'e-mail, elle était toujours en train de travailler sur ce premier livre, alors que j'étais en train de travailler sur le livre numéro 14. Elle se demandait comment j'avais réussi à atteindre autant de choses en aussi peu de temps. Il n'y a pas de secret et nous avons tous le même temps.

Nous obtenons ce sur quoi nous nous concentrons.

La différence c'est que je veux ça. Je suis motivée pour devenir un meilleur auteur chaque jour, pour écrire des livres qui vont plaire aux gens, leur donner une formation et de l'inspiration. Je mets des mots sur la page chaque jour et je me suis engagée dans cela comme ma carrière, mon hobby, ma passion et ma vie.

Si vous avez la même opinion, et si vous voulez mettre le temps pour y arriver, vous pouvez gagner votre vie en écrivant.

C'est votre tour. Maintenant, allez écrire !

Est-ce que vous voulez la liberté créative ?

Vous savez comment écrire un livre. Maintenant, découvrez comment gagner votre vie en écrivant.

Dans la formation CreativeFreedom, je partage tout ce que je sais de mon parcours : de mon premier livre jusqu'à gagner des revenus à six chiffres de mes écrits. Découvrez-en plus sur www.creativefreeedomcourse.com

Besoin de plus d'aide ?

Rappelez-vous de télécharger votre manuel ici [93].

Vous pouvez aussi vous inscrire pour une série de vidéos gratuites qui commence par les 11 manières de gagner de l'argent comme auteur indépendant : [http://www.thecreativepenn.com/freedom]

Si vous avez besoin de plus d'aide :

- Si vous voulez savoir plus en détail comment faire fonctionner votre activité en tant qu'auteur, allez lire : *business pour auteur : comment être un auteur entrepreneur*, disponible en e-book, en papier et au format livre audio
- Si vous voulez en savoir plus sur le marketing de livre, allez voir comment publier un livre [94]
- Pour savoir plus sur les présentations en conférence, allez voir *Présentation professionnelle pour les auteurs, les créatifs et les autres introvertis.*
- Pour des audios hebdomadaires gratuits sur l'écriture, l'édition, le marketing d'e-books, le livre et l'entrepreneuriat créatif, écoutez le Creative Penn Podcast sur iTunes et Stitcher.
- Pour en savoir plus sur comment devenir un auteur qui a du succès, vous pouvez télécharger votre *Modèle auteur 2.0* gratuit, et vous inscrire à la newsletter mensuelle pleine de contenu en vous inscrivant sur http://thecreativepenn.com/freedom.
- Enfin, j'adore recevoir des commentaires et du feed-back, donc vous êtes le bienvenu pour m'écrire : joanna@thecreativepenn.com

[93] http://www.edition-ebooks.com/content/gagnersavieavecsesecrits/
[94] http://commentpublierunlivre.com

Vous pouvez aussi me contacter @thecreativepenn ou rejoindre la page Facebook Creative Penn

Sur la version française

Si vous avez des commentaires sur le livre, je serais ravi de vous lire. Veuillez utiliser le formulaire de contact [95] ou me tweeter à @cgodefroy.

Pour être au courant des mises à jour de la version française, recevoir des infos sur l'autoédition en France en général, et recevoir l'extension au livre de Joanna pour les aspects francophones inscrivez-vous sur www.edition-ebooks.com/inscription-liste-joanna-penn [96]

Pour simplement recevoir les news de l'autoédition en France et les opportunités pour mieux gagner votre vie en écrivant, inscrivez-vous sur http://autoediteur.com/inscription.

[95] http://autoediteur.com/contact/

[96] http://www.edition-ebooks/inscription-liste-joanna-penn

Les autres livres de Joanna Penn

- Business for Authors: How to be an Author Entrepreneur [97]
- How to Market a Book [98]
- Public Speaking for Authors, Creatives and Other Introverts [99]
- Career Change: Stop hating your job, discover what you really want to do and start doing it! [100]

ARKANE action adventure thrillers - sous le nom J.F.Penn

- Stone of Fire #1 [101]
- Crypt of Bone #2 [102]
- Ark of Blood #3 [103]
- One Day In Budapest #4 [104]
- Day of the Vikings #5 [105]
- Gates of Hell #6 [106]
- One Day in New York #7 [107]

[97] http://www.thecreativepenn.com/businessbook/
[98] http://www.thecreativepenn.com/howtomarketabook
[99] http://www.thecreativepenn.com/speakingbook/
[100] http://www.thecreativepenn.com/careerchange/
[101] http://www.jfpenn.com/book/stone-of-fire/
[102] http://www.jfpenn.com/book/crypt-of-bone/
[103] http://www.jfpenn.com/book/ark-of-blood/
[104] http://www.jfpenn.com/book/budapest/
[105] http://www.jfpenn.com/book/vikings/
[106] http://www.jfpenn.com/book/gates-of-hell/
[107] http://www.jfpenn.com/book/new-york/

London Psychic crime thrillers - sous le nom J.F.Penn

- Desecration [108]
- Delirium [109]
- Deviance [110]

Histoires courtes

A Thousand Fiendish Angels [111]

[108] http://www.jfpenn.com/book/desecration/
[109] http://www.jfpenn.com/book/delirium/
[110] http://www.jfpenn.com/book/deviance/
[111] http://jfpenn.com/fiendish-angels/

À propos de Joanna Penn

Joanna Penn écrit sous le nom de J. F. Penn, est une auteure à succès du New York Times et USA Today pour les thrillers et la fiction sombre, ainsi qu'auteure de non-fiction. Joanna est une conférencière professionnelle internationale et entrepreneure, élue l'une des Top 100 Creative Professionals 2013 de The Guardian UK.

Le site primé de Joanna pour les écrivains http://www.TheCreativePenn.com aide les gens à écrire, à publier et à commercialiser les livres sur le marché à travers des articles, audio, vidéo et des produits en ligne ainsi que par des ateliers vivants.

Joanna est disponible à l'échelle internationale pour des interventions destinées aux écrivains, auteurs et entrepreneurs/petites entreprises (mais uniquement en anglais). Connectez-vous avec Joanna en ligne :

- http://www.thecreativepenn.com/contact/
- http://twitter.com/thecreativepenn
- http://www.facebook.com/TheCreativePenn
- Google Plus: http://gplus.to/JoannaPenn
- http://www.youtube.com/thecreativepenn

Joanna a aussi un podcast populaire pour les écrivains, The Creative Penn

Site d'écriture de fiction de Joanna – Thrillers on the edge:

http://www.JFPenn.com

Plus d'informations:

Joanna Penn est titulaire d'une maîtrise en théologie de l'Université d'Oxford, Mansfield College et un diplôme d'études supérieures en psychologie de l'Université d'Auckland, Nouvelle-Zélande. Elle vit à Bath, en Angleterre, mais a passé 11 ans en Australie et en Nouvelle-Zélande. Joanna a travaillé pendant 13 ans en tant que consultante en affaires internationales au sein de l'industrie des SI, mais est maintenant auteure-entrepreneur à temps plein. Joanna est certifiée PADI Divemaster et aime voyager aussi souvent que possible. Elle est obsédée par la religion et la psychologie et aime lire, boire du Pinot Noir et s'imprégner des cultures européennes à travers l'art, l'architecture et la nourriture.

Remerciements

Merci à tous ceux qui ont assisté à mes présentations sur comment gagner sa vie en écrivant. Votre participation enthousiaste m'a encouragée à essayer de retranscrire une partie de ces séminaires dans ce livre.

Merci à Liz Dexter de Libro Editing pour l'édition à la ligne, et à Dan Holloway, Clare Lydon et Alexandra Amor pour les lectures Beta.

Merci à Jane Dixon Smith de JD Smith Design pour le design de la couverture et le formatage de la version papier.

Printed by Amazon Italia Logistica S.r.l.
Torrazza Piemonte (TO), Italy

14013463R00080